JN048492

ぽんこつ主婦の
こっそりラクして
絶品ごはん

橋本 彩

Memo

KADOKAWA

これは
喜ぶぞ〜

こんにちは。
ぽんこつ主婦 です。

たべるの
だいすき！

わたしは結婚を機に料理に目覚め、食の資格を取得。フードメディアにて料理家として勤務後、独立しました。Instagramでは、ふだんごはんを発信。「手抜きのバレない見栄えレシピ」をテーマに、時間をかけずにきちんと見える料理をつくることを心がけています。

現在、もうすぐ2歳の息子と夫と3人暮らし。1歳とは思えぬ貫禄で「小さいおじさん」と呼ばれる息子は、両親に負けず劣らずの食いしん坊。そして夫は、毎日の「おいしい」で誰よりもわたしに自信をくれる大切な存在。
そんな家族においしいごはんをつくることがわたしの料理のやる気に繋がっています。

ぽんこつでも
料理さえがんばればなぜか
いい嫁に見られる

これも
うまい！

わたしが好きなのは、「料理だけ」。それ以外の家事は…片付けや洗濯など、すごく苦手です。全くテキパキしていなくて、ズボラ。本当はギリギリまでやりたくないタイプ。夫にはいつも「料理以外ぽんこつ」って言われてます（笑）。

でも不思議なことに、料理さえがんばれば、まわりからも「いい奥さん」って思ってもらえるんです。料理のイメージってすごいですよね（笑）。

毎日の食事は食べるだけじゃなくて、会話したり、満腹の幸せを共有したりする大切なじかんだから。料理を工夫してみたり、努力することは、家族の暮らしの質を上げるための近道なんじゃないかなって思っています。

いい奥さんを
目指していた
新婚時代

がんばる料理が喜ばれるとは限らない

とはいえ、やみくもにがんばれば喜ばれるとは限らなかった。新婚当初、「いい嫁は和食上手にならなければ」とか「レストラン風のおしゃれな料理で驚かせたい」という思いがあったわたしは、手間のかかる煮魚だったり、時間のかかるおしゃれな煮込み料理をつくっていました。ところが、がんばったわりに喜んでもらえない。

「顆粒だしや砂糖は悪いもの」という思い込みもあって、だしをとることにこだわったり、身体を想ってヘルシーにアレンジした料理が、おいしくない。喜ばれないとやる気もなくして、正解がわからずに悩むこともありました。

上：6年前のふたり。こんな写真を撮る時点で若い！
中：今見ても素晴らしい食事！ なのに反応はイマイチ。
下：カルパッチョのオレンジソースがおしゃれすぎてNG…らしい。

がんばったのに
撃沈…。

これがまさかの
爆ウケ…

上：前日のカレーと麻婆豆腐の合盛り。
下：ただめんつゆで炒めただけのゴーヤチャンプルー。

逆に、手抜きでつくったごはんが大好評

料理に疲れたわたしは、ある日、肉と野菜をちゃっと炒めたり、居酒屋風の簡単メニューを出したりしたのですが、これが絶賛されてビックリ！サッとつくったわりに喜ばれてしまったものだから、心の中でガッツポーズ。ただ手をかければいいわけじゃないと気がつきました。

喜ばれた理由を考えるうち、本当に夫がつくってほしかった料理がわかってきたんです。料理をすることに疲れないよう、自分がラクできる方法も加えながら。新たにレシピを考えて試し、わが家の鉄板ごはんが生まれていきました。

ごはん
食べすぎる〜!!

みほさん
どうぞよろしく!

喜ばれるコツ
がんばらないコツ
お伝えします!

　この本では、そんなわたしの見つけた「こっそりラクして絶賛される」レシピをご紹介します。みなさんのご家庭の味をつくるヒントを見つけてもらえたらうれしいです。

ぽんこつ主婦　橋本 彩

がんばらなくても
喜ばれる料理の コツ

わたしがずっと大切に考えてきたのは、「喜ばれる」ということ。
でも、ついでに「こっそりラクできる」といいですよね。
喜ばれるコツ、がんばらないコツ、それぞれのポイントを
わが家の経験をもとにお伝えします。ぜひ参考にしてみてくださいね！

喜ばれる コツ
絶賛されてしまう秘訣はこれだった！

照り照り
おかず～！

☑ コツ 01 | ごはんがすすむ！

味つけはガツンと濃いめ。照り照り
の甘辛味やこってりみそ味など、白
いごはんといっしょに食べてこそ輝
きを放つおかずが基本です。お肉が
中心で、ときどき魚もしれっと出す
（笑）。野菜を加えるおかずも、しっ
かり野菜に味をからませて残さず食
べてもらえるようにします。

おうち
居酒屋風！

☑ コツ 02 | お酒がすすむ！

週末にお酒をいっしょに飲むときは、
主にビールやハイボールに合うおか
ずを考えます。カラッと揚がった揚
げ物や、お肉料理をメインに、キム
チや明太子、メンマにザーサイ、ラ
ー油、柚子ごしょう、わさびなど、
味付けを居酒屋風にして楽しみます。
簡単な冷ややっこなどで品数を増や
し、できるだけ夫婦じかんを楽しめ
たらと思っています。

見た目から
ボリューミー

✅ コツ **03**

テーブルの上に運んだとき、おお〜！と声があがるのはやっぱりボリュームのある肉料理。毎日はちょっとむずかしいけれど（笑）、その声が聞きたくて、見た目のボリュームとインパクトも意識します。山のようにおかずを積むのも大好き！

✅ コツ **04**

手抜きに見えない
盛り付けの工夫

簡単につくっても"きちんと感"を演出するには、盛り付けかたがとても大事。お皿選びはもちろんのこと、ちょっとした工夫でわが家の茶色い料理が（笑）、見栄えがするようになっています。
詳しくはP62でご紹介しますね！

✅ コツ **05**

こってりとサッパリの
メリハリが大切

こってりした味つけが好きだからといって、すべてのおかずがこってりと濃い味なのはNG。食べ飽きたり、食べ疲れたりしないように、サッパリ酸味のきいたおかず、ほっこり味のおかず、だしのきいたおかずなど、食べる時を想像しながら組み合わせて出すようにしています。

さすが 和の調味料！

✅ コツ **06**

みそとしょうゆを
隠し味にすると
ごはんに合う

とことんお米に合うおかずにするには、みそとしょうゆを隠し味に使います。クリーム煮にはみそ、トマトソースにはしょうゆを加えるなど、パンが合いそうな洋食のメニューでも、ごはんの上にかけたくなるような味に変化させます。

がんばらないコツ

毎日の食事づくりは大変！
こっそりラクしちゃいましょう。

少ない油で
OK！

☑ コツ
01

揚げない

どの揚げ物メニューも、それぞれ最小限の油でつくれるレシピにしています。例えば、「揚げないささみのチキン南蛮」や「手羽中の揚げない甘辛揚げ」は、大さじ2〜3の油でOK！キッチンペーパーで拭き取れる量なので、油をたくさん使ってつくるより、あと片づけがラクなんです。

☑ コツ
02

包まない

ぎょうざやシューマイなどは、包まずつくれる方法に。ポイントは、包まないけどおかずとしてちゃんとして見えるかどうか！ ラクはしてるけど、いかにも手抜きには見えないようにしています。ちなみに春巻きは包むけど（笑）、面倒なのりづけはしなくてもOKです！

包まず
のせるだけ

☑ コツ
03

手間のかかる
食材は代用する

カキやイカなどの魚介類は、調理するのにちょっぴり気合いがいる。そのわりに、めちゃくちゃ食べたい！とも言われないので、代用食材で"なんちゃって"料理をつくります。本物のそれとは違うけど、話のネタになるし（笑）、何よりもつくって損なしのおいしさが自慢！

舞茸で
カキフライ風！

☑ コツ
04

たれで
バリエアップ

しっとりしたゆで鶏にやわらかい豚しゃぶ。
この2品には基本のごまだれをかけることが多いのですが、かけるたれを替えればアレンジが何通りにも！　毎日イチからメニューを考えるのは大変だから、基本メニューにたれで変化を出しています。

☑ コツ
05

ひき肉がわりに
豚こまが便利

スーパーでは、メニューが決まっていなくてもとりあえず安い豚こま大パックを手に取ります（ひき肉より消費期限が長い！）。炒めるだけでなく、ひき肉のようにも使えてレシピの幅が広い。つくねやメンチカツに使うと肉々しいおいしさでひき肉よりも好評です。

*豚こまで
肉詰めピーマン！*

☑ コツ
06

1週間の献立に
「1皿で満足丼＆麺」
を投入

モチベーションを保つには、1週間単位でもちょっぴりラクな日をつくることが大事！　わたしは水、木曜日あたり、丼や麺にすることが多いです。でも経験上、手抜きのつもりが喜ばれることも多いのが丼＆麺…！　想像以上に、男性はこんなごはんが好きなのかも。

目次

Part 1
ごはんがすすむ！

Good menu
for rice

Good menu
for drink

Part 2
お酒がすすむ！

本書の使い方

・本書は2人分の分量です（我が家の分量が目安のため、少し多めかもしれません）。
・小さじ1は5mℓ、大さじ1は15mℓです。
・特に記載がない場合は、しょうゆは濃口しょうゆ、みそは合わせみそ、バターは有塩、だしはかつおだし、梅干しは8%の減塩のものを使用しています。
・下味の塩、こしょうでは塩とブラックペッパーを使用しています。白こしょうや付き塩こしょうなどお好みのものでもOKです。
・野菜類、きのこ、豆類、果物は、特に記載がない場合、洗う、皮をむくなどの作業をすませてからの手順です。
・特に記載がない場合、鶏肉の下処理は済んだ状態からの手順です。（下処理はP108参照）
・特に記載のない場合、火加減は中火、電子レンジは600W、オーブントースターは280度の加熱時間です。機種や食材によって異なりますので様子を見ながら加減してください。また加熱する場合は、付属の説明書に従って、耐熱の器やボウルなどを使用してください。

うまそ〜っ、
いただきます!!

Contents

Part 1

ごはんがすすむ！

絶賛されるごはんのコツは、
なんといっても「ごはんがすすむ」ということ。
食卓で笑顔が広がる、こっそりラクしてつくれる、
ボリューミーなおうちごはんをご紹介します。

1 わが家のほめられ BEST献立

つくりやすくて喜ばれる、人気おかずを集めました。
主菜と副菜は組み合わせを変えてもOK。
お気に入りの定番を見つけてください。

Point

◎ 喜ばれるポイント
野菜は塩をかけて蒸すと甘みが引き立ち、味がなじんでおいしい！

◎ がんばらないポイント
レンジ調理で手軽なうえ、調味料1：1：1で覚えやすい。

Point

◎ 喜ばれるポイント
まるごとささみが満足感。たくあんタルタルでごはんがすすむ。

◎ がんばらないポイント
大さじ3の油で、揚げたような衣に。ゆで卵もレンジで楽チン。

手軽につくれて、豪華見えナンバーワン！

揚げないささみのチキン南蛮

材料（2人分）

- 鶏ささみ ……………… 6本
- ゆで卵（レンジでつくる）
  ……………………………… 1個
- たくあん（みじん切り）
  ……………………………… 40g
- マヨネーズ …… 大さじ3
- 塩、こしょう …… 各少々
- サラダ油 ……… 大さじ3

A
- 卵 …………………… 1個
- 小麦粉 ………… 大さじ2
- 片栗粉 ………… 大さじ2
- 水 ……………… 小さじ1

B
- 砂糖 …………… 大さじ2
- しょうゆ ……… 大さじ2
- 酢 ……………… 大さじ2

- ベビーリーフ、プチトマト
  ……………………… 各お好みで

◎レンジでゆで卵（P109参照）

ホイルに　　マグに入れ　　（10分チン！）
くるむ　　　たっぷり水を注ぐ

※爆発・火災防止のため卵はすき間なく
ホイルでしっかりくるむ。

作り方

1 Bを合わせておく。ゆで卵をフォークでつぶし、たくあんとマヨネーズを合わせてタルタルソースをつくり冷蔵庫で冷やす。

2 ささみは筋を取り、塩、こしょうをふる。ボウルにAの材料を混ぜ合わせ、ささみをくぐらせる。

3 フライパンにサラダ油をひいてしっかり熱し、ささみを入れて両面2～3分ずつ揚げ焼きに。

4 ささみをフライパンの上の方に寄せ、傾けてキッチンペーパーで油を吸い取る。Bの調味料をすべて入れて煮立たせ、両面にからませる。

5 盛り付けてタルタルソースをかける。ベビーリーフとプチトマトを添える。

> 固めの卵液も、ささみを入れるとなじみます。しっかりからめて。

> フライパンを傾け、火を止めずにしっかりと油を吸い取って！

> 調味料はよく混ぜて投入を。煮立ってから全体にからめて。

シンプルな調味料で想像以上のおいしさ！

蒸しキャベツとツナの酢じょうゆナムル

材料（2人分）

- キャベツ …………… ⅛個
  （芯を除いて正味200g）
- にんじん ……… 5cm（40g）
- ツナ缶（オイル漬け）…… 1缶
- 塩 ………………… 小さじ½

A
- しょうゆ、酢、
  ごま油、いりごま
  ……………… 各小さじ1

作り方

1 にんじんは千切りにして耐熱ボウルに入れる。キャベツは太めの千切りにしてにんじんにかぶせるようにボウルに入れる。

2 塩をふりかけてラップをかけ、レンジで3分加熱し、加熱後すぐにザッと全体を混ぜ、そのままあら熱を取る。

3 キッチンペーパーやふきんで2回に分けて水けをギュッと絞り、ボウルに戻し入れる。油をきったツナ缶とAを加え、よく和える。

> 加熱後ラップを外してすぐに混ぜるとムラなく熱がまわる。

> 2回に分けてしっかり絞ると、和えたとき味がボケない！

> よく和えてから冷蔵庫で冷やすとよりおいしい。作り置きにも。

水を加えないから、とろみづけ不要で即完成！

無水豚バラ麻婆豆腐

材料（2人分）

- 豚バラ薄切り肉 ……… 150g
- 木綿豆腐 ……… 1丁（400g）
- 長ねぎ ……………… ½本
- 塩、こしょう ……… 各少々
- A
  - 甜麺醤 ………… 大さじ2
  - しょうゆ、酒
    - ……………… 各小さじ2
  - 鶏ガラスープの素
    - ……………… 小さじ1
  - 豆板醤 ………… 小さじ1
  - にんにく、しょうが
    - チューブ ……… 各4cm
- ごま油 …………… 大さじ1
- ラー油、花椒 …… お好みで

作り方

1 長ねぎはみじん切りにしてＡの調味料と合わせておく。

2 フライパンに豚バラ肉をカットしながら入れて、塩、こしょうをふって焼く。色が変わってきたらフライパンの端に寄せ、豆腐を大きめにちぎりながら加える。豚バラ肉はしっかり火を通し、豆腐は水分を少し飛ばすように強めの中火で1分ほど炒める。

3 1を加え、具材にからめて豆腐を少しくずしながら1分ほど加熱する。仕上げにごま油をまわし入れ、器に盛り付けてお好みでラー油や花椒をかける。

豆腐は煮ながらくずれるので、大きめに手でちぎる。

豚バラ肉はキッチンバサミで切るとまな板を汚さずにすむ。

豆腐の水分となじむように全体に味をからめてサッと煮る。

ガッツリおかずにぴったりのさっぱり和サラダ

たこときゅうりの和風サラダ

材料（2人分）

- たこ ………………… 70g
- かいわれ大根 …… ½パック
- きゅうり …………… 1本
- 刻み海苔または韓国海苔
  フレーク ………… 適量
- A
  - ポン酢 ……… 大さじ1
  - ごま油、すりごま
    - ………… 各小さじ2
  - 砂糖 ………… 小さじ½
  - しょうがチューブ
    - ……………… 2cm

作り方

1 きゅうりは縦半分に切って斜め薄切りにする。かいわれは根を切り落とし、2等分に切る。たこは薄くそぎ切りにする。

2 ボウルにＡの調味料を入れて混ぜ、きゅうりとかいわれ、たこを入れてさっくりと合わせて器に盛り付け、刻み海苔をのせる。

なるべく薄く切るようにするとよく味がからむ。

時間が経つときゅうりから水分が出てくるので食べる直前に和える。

洗ったときの水けはよく拭き取って。

Point

◎ 喜ばれるポイント
お肉たっぷり濃い味で大喜び！
つくるのは超簡単のラッキー飯（笑）。

◎ がんばらないポイント
水溶き片栗粉不要！　にんにく、しょ
うがはチューブでも案外おいしい。

Point

◎ 喜ばれるポイント
しょうがをわさびや柚子ごしょう
に替えてアレンジもOK。

◎ がんばらないポイント
きゅうり1本でスピードサラダ。
かいわれは大葉でもおいしい。

長ねぎ、にんにく、しょうがのたれでごはんがすすむ

豚こまとなすのさっぱり香味だれ

材料（2人分）

- 豚こま切れ肉 ……… 250g
- なす ………………… 2本
- 長ねぎ ……………… ½本
- 酒 ………………… 大さじ1
- 塩 ………………… ひとつまみ
- 片栗粉 ………… 大さじ3
- ごま油 ………… 大さじ2
- A
  - 酢・しょうゆ
    …… 各大さじ1と½
  - オイスターソース・砂糖
    ………… 各小さじ2
  - しょうがチューブ・
    にんにくチューブ
    …………… 3〜4cm
- パクチー ……… お好みで

作り方

1 長ねぎはみじん切りにして**A**の調味料と合わせておく。なすは小さめの乱切りにする。

2 トレーで豚肉に酒と塩を加えて揉み込む。片栗粉を表面にまぶし、フライパンになるべく広げて並べる。ごま油をまわしかけてフタをし、強めの中火で3〜4分加熱する。

3 肉がこんがりしたら上下を返し、なすを加えて炒め、なすに油がまわったら再びフタをして2〜3分蒸し焼きにする。

4 一度火を止めて**A**の調味料を加え、予熱でさっと炒める。照りが出たら器に盛り付ける。

トレーで味付けしたら、その手のままフライパンに広げて並べる！

カリッと焼けると、炒めただけよりも香ばしく味もよくからむ。

なすは油をからめてから皮を下にして蒸すと変色しにくい。

栄養満点！ サラダ感覚でたっぷり食べられる

小松菜とハムのごまマヨ和え

材料（2人分）

- 小松菜 ……………… 1束
- にんじん …… 5cm（40g）
- ハム ………………… 2枚
- 塩 ……………… 小さじ½
- A
  - めんつゆ（3倍濃縮）
    ………… 小さじ1〜2
  - マヨネーズ …… 大さじ2
  - すりごま …… 大さじ2

作り方

1 にんじんとハムは千切りにする。小松菜は4〜5等分に切って葉と茎にざっくりと分ける。

2 耐熱ボウルににんじん、小松菜の茎、葉を順に入れ、塩をふる。ラップをかけてレンジで2分30秒加熱し、熱いうちによく混ぜてあら熱を取る。

3 ふきんやキッチンペーパーでギュッと水けを絞り、ハムと**A**の調味料を加えて和える。

2回に分けてしっかり絞ると、和えたときに味がボケない！

塩をかけて蒸すことで、レンジでも小松菜が色よく仕上がる。

よく和えてから冷蔵庫で冷やすとよりおいしい。

Point

◎ 喜ばれるポイント
ハム＋マヨネーズ＋すりごまで、
青菜がグッと食べやすく。

◎ がんばらないポイント
レンジ調理で手軽なうえに、栄養
も逃しにくい。

Point

◎ 喜ばれるポイント
ほどよい酸味の香味だれが豚となすにからんで食欲をかきたてる！

◎ がんばらないポイント
揚げずに豚こまはカリカリ、なすも素揚げしたような食感に。

ガリトマハンバーグ

材料（2人分）

〈ハンバーグ〉
- 合いびき肉 ………… 250g
- 玉ねぎ ……………… ½個
- 卵 …………………… 1個
- パン粉 …………… ½カップ
- 牛乳 ……………… 大さじ2
- オリーブオイル …… 小さじ2
- 酒 ………………… 大さじ2

A
| 塩 ………………… 小さじ⅓
| ブラックペッパー …… 少々
| ナツメグ …… 5ふりくらい
| マヨネーズ …… 小さじ2

〈ガリトマソース〉
- にんにく ……………… 2片
- トマト缶 ……………… 1缶
- しょうゆ ………… 小さじ1

B
| 塩 ………………… 小さじ½
| 砂糖 ……………… 小さじ2
| コンソメ ………… 大さじ½
| オレガノ … お好みで少々

- パセリのみじん切り
  ………………… お好みで

作り方

1 玉ねぎ、にんにくはみじん切りにする。フライパンにオリーブオイルをひいて、玉ねぎと塩ひとつまみ（分量外）を加えて2分ほど炒め、ボウルに入れてあら熱を取る。

2 冷蔵庫から出したての牛乳と卵、パン粉を1に加えて混ぜる。
※ここでまだ生温かい場合は冷凍庫に数分入れて冷やす。

3 冷蔵庫から出したての合いびき肉を加え、Aを加えて粘りが出るまでよく混ぜる。2等分して空気を抜きながら成形し、フライパンに入れて中央をへこませる。

4 強めの中火にかけ、焼き色がつくまで2～3分焼く。上下を返して同様に1～2分焼いたら酒を加えてフタをし、弱火にして7分蒸し焼きにして盛り付ける。

5 肉汁の残ったフライパンに小さじ2のオリーブオイル（分量外）を追加し、にんにくを入れて弱火にかける。香りが立ったらトマト缶を加えて中火にし、Bを加えてトマトをつぶしながら5～6分ほど煮詰める。ソースの水分が飛んでどろりとしたら、仕上げにしょうゆを加えて混ぜ、ハンバーグにかける。

粘りが出るまでよく混ぜ、表面をなめらかに成形すると割れにくい。

両面しっかり焼いてから蒸し焼きにすると肉汁が流れない。

ソースはよく煮詰めてドロリとさせて。しょうゆは鍋肌からイン！

たっぷりきのこのマリネサラダ

材料（2人分）

- リーフレタス、
  ベビーリーフなど・各適量
- お好みのきのこ
  ………… 合わせて200g
- 粉チーズ …………… 適量

A
| 塩 …………… 小さじ½
| 酒 …………… 大さじ1

B
| オリーブオイル
| ………………… 大さじ1
| 酢 ……………… 小さじ1
| しょうゆ、コンソメ
| ………… 各小さじ½
| にんにくチューブ
| ………………… 2cm
| ブラックペッパー
| ………………… 適量

作り方

1 葉野菜は洗って盛り付けておく。

2 耐熱ボウルにきのこを入れてAをふり、ラップをかけてレンジで2分加熱する。

3 Bの調味料を2に加えてなじませてから1にかけ、粉チーズをふりかける。

きのこの種類や大きさにより加熱時間を調整して。

酒蒸しすることで、きのこのうまみをしっかり引き出す。

温かいままホットサラダにしても、冷やしてもおいしい。

ごはんがすすむ！

point

◎ 喜ばれるポイント
しっかりきのこに味がついている
のでドレッシングいらず。

◎ がんばらないポイント
マリネだけ先につくっておけるの
で、サラダがすぐに出せる！

point

◎ 喜ばれるポイント
にんにくとしょうゆのきいたトマ
トソースがごはんに合う！

◎ がんばらないポイント
焼くのもソースづくりもフライパ
ンひとつで絶品！

鶏と野菜の黒酢あん

材料（2人分）

- 鶏もも肉 ・・・・・・・・・・・・・ 1枚
- れんこん ・・・・・・・・・・・ 100g
- にんじん ・・・・・・・・・・・・ 60g
- ピーマン ・・・・・・・・・・・・・ 1個
- 片栗粉 ・・・・・・・ 大さじ2～3
- サラダ油 ・・・・・・・・ 大さじ3
- A
  - しょうゆ ・・・・・・ 小さじ1
  - 酒 ・・・・・・・・・・・・ 小さじ2
  - 塩、こしょう ・・・・各少々
  - にんにくチューブ・しょうがチューブ ・・・・・・・・・・・・ 各3cm
- B
  - 黒酢 ・・・・・・・・・・・ 大さじ2
  - オイスターソース、しょうゆ、砂糖 ・・・・・・・・・・・・ 各大さじ1
  - 片栗粉 ・・・・・・・・・ 小さじ1

作り方

1　鶏もも肉は余分な筋や脂を取り除いてひと口大にカットし、**A**を加えて揉み込み、片栗粉を加えて10分おく。**B**は合わせておく。

2　れんこんは太いものなら5mm幅の半月切り、細ければ輪切りにしてアクが気になれば水にさらす。にんじんとピーマンは小さめの乱切りにする。

3　フライパンにサラダ油をひいて

鶏肉とにんじんを入れ、フタをして強めの中火で3～4分加熱する。

4　フタをあけて上下を返し、中火にしてキッチンペーパーで油を拭き取りながらさらに1分焼く。

5　れんこんを加えて炒め、れんこんのはしが透き通ってきたらピーマンを加えてサッと炒め合わせる。火を止めて**B**を加え、とろみがついたら盛りつける。

鶏肉に唐揚げのような下味をつけると、仕上がりがグッとおいしく。

冷たい油からスタート！　フタをしてじっくり火を通して。

調味料はよく混ぜてから加えて！　余熱でからめるのがポイント。

アボカドと生ハムの塩チョレギサラダ

材料（2人分）

- アボカド ・・・・・・・・・・・ 大½個
- きゅうり ・・・・・・・・・・・・・ ½本
- 生ハム ・・・・・・・・・・・・・・ 4枚
- サニーレタス ・・・・・・ 2枚（40g）
- 焼き海苔 ・・・・・・・・・・ 全形½枚
- A
  - 鶏ガラスープの素 ・・・・・・・・・・・・・・ 小さじ½
  - 塩 ・・・・・・・・・・・・ ひとつまみ
  - レモン汁 ・・・・・・・・・ 小さじ1
  - にんにくチューブ ・・・・・・・・・・・・・・・・・・ 2cm
  - いりごま ・・・・・・・・ 小さじ1
  - ごま油 ・・・・・・・・・・・ 大さじ1
- ブラックペッパー ・・・ お好みで

作り方

1　サニーレタスはよく洗って水けを拭き取り食べやすい大きさにちぎる。アボカドは食べやすい大きさに切る。きゅうりは千切りにする。

2　ボウルに**A**を合わせ、アボカド

を加えて和える。続いてサニーレタスときゅうりを加え、生ハムと海苔をちぎりながら加える。

3　全体を返すようにさっくりと混ぜ合わせて盛り付け、ブラックペッパーをふる。

焼き海苔は韓国海苔フレークなどを使ってもOK。

先にアボカドに調味料をからめ、変色防止！

食べる直前にふんわりと混ぜるとしんなりせずおいしいサラダに。

◎ **喜ばれるポイント**
ドレッシングを使わず、ごま油を
きかせたサラダで満足度アップ！

◎ **がんばらないポイント**
切って和えるだけで1品。きゅう
りの千切りだけがんばって〜！

◎ **喜ばれるポイント**
甘すぎずしっかりとコクのある黒
酢あんでおかわりが止まらない！

◎ **がんばらないポイント**
少ない油で蒸し焼きにすることで
揚げたような見た目と食感に。

ごはんがすすむ！
2

ひき肉がわりに豚こまが便利！

ひき肉のかわりに豚こまを使うと食べごたえがグンとアップ。肉々しい食感が
喜ばれるポイント。メニューに悩んだら、とりあえず豚こまを購入すべし！

ひき肉よりおいしい！
溶け出すチーズと大葉の香り

豚こま大葉チーズの肉詰めピーマン

材料（2人分）

- ピーマン ……………………………………… 5個
- 豚こま切れ肉 ……………………………… 200g
- 大葉 …………………………………………… 5枚
- ピザ用チーズ ……………………………… 40g
- 酒 …………………………………………… 大さじ1
- 塩、こしょう …………………………… 各少々
- ごま油 …………………………………… 小さじ2
- 片栗粉 …………………………………………… 適量
- **A** ┃ しょうゆ、みりん …………… 各大さじ1と½
  ┃ オイスターソース ………………… 小さじ2
  ┃ にんにくチューブ ………………………… 4cm
- ブラックペッパー ……………………… お好みで

作り方

1 フライパンにごま油をひいておく。ピーマンは半分に切って種とワタを取り除いて内側に片栗粉をふる。

2 豚肉はトレーの上で、酒と塩、こしょうで下味をつけ、ちぎった大葉とピザ用チーズを混ぜる。これを**1**のピーマンに均等に詰めて表面に片栗粉をふり、その面を下にしてフライパンに並べ入れ、火をつけて3分ほど焼く。

3 こんがり焼き色がついたら上下を返し、フタをして弱火で4分ほど蒸し焼きにして皿に取り出す。

4 フライパンに**A**の調味料を入れて煮立たせ、とろみがつくまで煮詰める。これを**3**にかけ、ブラックペッパーをたっぷりかける。

Point

◎ 喜ばれるポイント
ピーマンの苦味に中華風のたれがマッチ！ ごはんにもビールにも。

◎ がんばらないポイント
ひき肉のようにこねないから、トレーの上でサッと混ぜてボウル不要。

奥のほうにもギュッと詰め込むと意外とたっぷり入る！

お肉とチーズはこんがり！しっかりと焼けるとおいしい。

とろりと煮詰めてコクのあるソースに。

しょうが焼き風味の和風メンチカツ

豚こま和風メンチ

材料（2人分）

- 豚こま切れ肉 ················· 250g
- 玉ねぎ ······················· 中¼個
- パン粉 ························· 適量

A
  - 卵 ·························· 1個
  - 小麦粉 ··················· 大さじ1
  - しょうゆ ········ 小さじ2〜大さじ1
  - 砂糖 ··················· 小さじ1
  - こしょう ······· たっぷりがおすすめ
  - しょうがチューブ ············ 5cm
- サラダ油 ······················ 適量
- からし、中濃ソース、キャベツの千切りなど
  ······················ 各お好みで

作り方

1 玉ねぎは繊維を断つ方向に薄くスライスする。豚こま切れ肉はザク切りにする。（目安1.5cm間隔くらい）

2 ボウルに1とAをすべて入れ、手でよく混ぜる。
※手で上からつかむように繰り返し混ぜていると玉ねぎが豚肉に混ざってくる。

3 6等分にして、表面にパン粉をまぶしてギュッと握り小判形に成形する。

4 フライパンに底から1cm程度まで油を注いで170度に熱し、3をすべて入れて2〜3分揚げ焼きにする。

5 上下を返して3分ほど揚げ焼きにし、揚げ上がったら網に取り出して油を5〜10分しっかり切る。皿に盛り、中濃ソースとからし、キャベツなどを添える。

肉だねに卵を入れてふっくら。これでバッター液の手間もカット。

まぶすのはパン粉のみ！ 玉ねぎが飛び出ないように形を整える。

油に入れたら触らずに。衣がはがれたり、肉汁が出てしまう。

Point

◎ 喜ばれるポイント
しっかり下味がついていて、そのままでもソースをつけてもウマい！

◎ がんばらないポイント
衣づけが簡単すぎ！ 肉だねにパン粉をまぶして揚げるだけ！

きれいに成形しなくてOK！　おつまみやお弁当にも

豚こま肉のねぎみそチーズつくね

材料（2人分）

- 豚こま切れ肉 ……………………… 250g
- 小ねぎ（小口切り） …………………… 5本
- ピザ用チーズ ……………………… 30g
- ごま油 ……………………………… 大さじ1
- **A** ┃ みそ、ポン酢、酒、片栗粉
  ┃ ……………………………… 各大さじ1
  ┃ ブラックペッパー ………………… 多め
- マヨネーズ ……………………… お好みで

作り方

1 フライパンにごま油をひいておく。ボウルに豚こま切れ肉と小ねぎ、**A**の調味料を加えて揉み込み、チーズを加えてさらに混ぜる。

2 肉だねをつかんで食べやすい大きさになるようフライパンに置き、火にかけて3〜4分ほど焼く。

3 こんがり焼き色がついたら上下を返し、フタをして弱火で2分焼いたら完成。

4 器に盛り、マヨネーズを添える。

肉を触る前にフライパンに油をひいておくと作業がスムーズ。

ひと口サイズになるようにフライパンに置いていくだけ。

みそが焼けるとおいしい！　しっかりと香ばしく焼いて。

Point

◎ 喜ばれるポイント
ねぎみそチーズでお酒にもピッタリ。
マヨネーズには七味をふっても。

◎ がんばらないポイント
混ぜたらざっくりつかんで、フライパンに並べるだけ！

◎喜ばれるポイント
小さくて上品なシューマイとは全
く違うジューシーな肉々しさ！

◎がんばらないポイント
包まないのに豪華見え!! 野菜も
ニラなら切るのが簡単。

包まない！　ニラは大葉やねぎでもOK

豚こまニラシューマイ

材料（2人分）

- 豚こま切れ肉 ………………………… 200g
- ニラ ………………………………………… 4本
- シューマイの皮 ………………………… 12枚
- 片栗粉 ………………………………… 大さじ1
- ごま油 ………………………………… 小さじ2
- 水 ……………………………………… 50㎖

A
酒 ……………………………………… 大さじ2
オイスターソース …………………… 小さじ2
しょうゆ、砂糖、ごま油 ……各小さじ1
しょうがチューブ …………………… 4㎝

- からし ……………………………… お好みで

作り方

1 フライパンにごま油をひいておく。豚こま切れ肉に**A**の調味料を合わせて揉み込み、小口切りにしたニラと片栗粉を加えてさらに揉む。※大きい肉があればキッチンバサミでカットする。

2 **1**を小さく丸め、フライパンに均等に並べる。シューマイの皮をふんわりとかぶせ、3分ほど焼く。

3 水を加え、フタをして水分がなくなるまで6分ほど蒸し焼きにする。※水が残っていたらフタをあけて水分を飛ばす。

4 器に盛り、お好みでしょうゆ（分量外）、からしと一緒に食べる。

ニラはしっかり混ぜ込んで！ かわりに長ねぎや大葉でも。

肉を丸めてから皮をかぶせると、高さが出てシューマイらしくなる。

焦がさないようにときどき様子を見ながら蒸して。

自家製 だれ でバリエアップ！

手軽につくれるゆで鶏や豚しゃぶも、たれ次第で違った料理に早変わり！
簡単にレパートリーを増やせます。

◎ 喜ばれるポイント
むね肉とは思えぬしっとり感。スープ（P109）もおかわり必至。

◎ がんばらないポイント
余熱調理でほぼ放置。ゆで汁はスープ（P109）にも活用できるので時短。

あえて大きめに裂いて、
感動のしっとりを味わう

ごまだれ

しっとり
ゆで鶏

材料（2人分）

- 鶏むね肉 ································· 250g
- 水 ·· 800mℓ
- 長ねぎの青い部分 ············· あれば1本分
- しょうがスライス ·············· あれば1片分
- **A** 塩、砂糖 ···························· 各小さじ1
  酒 ·· 大さじ1
- 輪切りトマト、千切りきゅうり ········ 各適量
- ごまだれ（P30）····························· 適量

作り方

1 むね肉は皮をはがして分厚い部分を手で開きビニール袋に入れる。**A** を加えて手の温度で温めるようにして擦り込み15分ほど常温におく。

2 鍋に水とねぎの青い部分、しょうがを加えて煮立たせ、火を止める。ビニール袋から出したむね肉を入れ、フタをして触れるくらいに冷めるまで20分以上放置する。

3 器にトマト、きゅうりを盛り、手で裂いたゆで鶏をのせ、ごまだれをかける。

皮取りついでに手でざっくり開くと火通りがよくなる。

ねぎとしょうががあれば、スープにも味にグッと深みがでる。

ごまだれ

ねぎ塩ペッパー
レモンだれ

大葉にんにく
みそポンだれ

梅みりんだれ

ニラザーサイだれ

だしトマト
キムチだれ

黒酢香味だれ

おろし玉ねぎ
しょうゆだれ

さらに
同じ**たれ**でも
鶏と豚で
別の料理に！

たれのつくり方は
P30〜31参照。

しゃぶしゃぶ肉を買わなくても
感動のやわらかさ

ごまだれ

やわらか
豚しゃぶ

材料（2人分）
- 豚薄切り肉 ・・・・・・・・・・・・・・・・・・・・・・・・・ 250g
- 酒 ・・・・・・・・・・・・・・・・・・・・・・・・・・・・・・・・・・ 適量
- レタス、水菜 ・・・・・・・・・・・・・・・・・・・・ 各適量
- ごまだれ（P30） ・・・・・・・・・・・・・・・・・・・ 適量

作り方
1. 深めの鍋やフライパンにお湯をわかし、酒を少し加える。
2. 再び煮立ったら火を止め、しゃぶしゃぶ肉を3枚くらいずつ湯がいて取り出し、ザルにあげる。※湯の温度が下がって肉の色が変わりにくくなったら、再び煮立たせてこれを繰り返す。
3. 器にレタスや水菜などを盛り、豚しゃぶをのせてごまだれをかける。

Point

◎ 喜ばれるポイント
いくらでも食べられるやわらかさ。
あっという間になくなります（笑）。

◎ がんばらないポイント
火を止めて湯がくだけ。このゆで
方なら豚こまでも十分おいしい。

酒を加えて臭み消し
効果！ 火を止めて
スタンバイ。

肉が多すぎると一気
に温度が下がるので
3枚くらいがベスト。

ゆで鶏と豚しゃぶが飽きずに食べられる
便利な*たれ*バリエ

つくり置きもでき、副菜や丼にも活用できます。

コクがあるのに濃厚すぎず、すこしの酸味で飽きない味わい
ごまだれ

材料（つくりやすい分量）
- すりごま …… 大さじ3
- 砂糖、しょうゆ、酢、マヨネーズ、みそ、オリーブオイル …… 各大さじ1
- 豆板醤 ……… 小さじ1
- にんにくチューブ … 3cm

作り方
ボウルにすべての材料を入れて混ぜ合わせる。

ごま油香る！お肉に合う万能調味料
ねぎ塩ペッパーレモンだれ

材料（つくりやすい分量）
- 長ねぎ …………… 1本
- A
  - 塩 ………… 小さじ½
  - 鶏ガラスープの素 ………… 小さじ1
- B
  - レモン汁 … 小さじ1〜2
  - ごま油 …… 大さじ4
  - ブラックペッパー …………… 適量

作り方
1. 長ねぎは青い部分までみじん切りにして保存容器に入れ、**A**を加えて混ぜる。
2. 長ねぎがしんなりしたら**B**を加えて混ぜる。

刻み大葉とにんにくで、さっぱりなのにあと引く味
大葉にんにくみそポンだれ

材料（つくりやすい分量）
- 大葉 ……………… 10枚
- A
  - ポン酢 …… 大さじ4
  - みそ、ごま油 ……… 各大さじ1
  - 砂糖、いりごま ……… 各小さじ1
  - にんにくチューブ …… 4cm

作り方
1. 大葉はみじん切りにする。
2. すべての材料を合わせる。

大葉などの薬味と好相性◎ 梅の酸味がみりんでまろやか！
梅みりんだれ

材料（つくりやすい分量）
- 梅干し …… 中サイズ3個
- 白だし ……… 大さじ4
- みりん、水 … 各大さじ2

作り方
1. 梅干しは包丁でたたく。
2. ボウルにすべての材料を入れて混ぜ、ラップをかけずにレンジで2分加熱してあら熱を取り、冷蔵庫で冷やす。
※冷やすととろみがつく。

具材ザクザクの食べるたれ！
白いごはんや冷ややっこにも

ニラ
ザーサイ
だれ

材料（つくりやすい分量）

- ニラ ・・・・・・・・・・・・・ 5〜6本
- ザーサイ ・・・・・・・・・・・ 40g

A
| しょうゆ、酢、
| 　オイスターソース
| 　・・・・・・・・・・・・・・・ 各大さじ2
| 砂糖、ごま油、
| 　いりごま ・・・・・・ 各大さじ1

作り方

1 ニラは小口切りにする。ザーサイは細かく刻む。
2 すべての材料を合わせる。

うまみ爆発！
飲み干したくなる
さっぱりだれ

だしトマト
キムチだれ

材料（つくりやすい分量）

- トマト ・・・・・・・・・・・・・・ 1個
- 白菜キムチ ・・・・・・・・・・ 70g

A
| 白だし ・・・・・・・・・ 大さじ1
| ごま油 ・・・・・・・・・ 小さじ1

作り方

1 トマトは上下2等分に切ってスプーンで種をくりぬき、5mm角程度の角切りにする。白菜キムチは刻む。
2 ボウルに 1 を入れ、A で和える。

黒酢が入るとお店の味！
唐揚げにかけても◎

黒酢香味
だれ

材料（つくりやすい分量）

- 長ねぎ ・・・・・・・・・・・・・ ½本

A
| 黒酢 ・・・・・・・・・・・ 大さじ2
| しょうゆ、オイスターソース、
| 　ごま油 ・・・・・・・ 各大さじ1
| いりごま ・・・・・・・・ 小さじ1
| 砂糖 ・・・・・・・・・・・ 小さじ½
| しょうがチューブ、
| 　にんにくチューブ
| 　・・・・・・・・・・・・・・・・・ 各4cm

作り方

1 長ねぎはみじん切りにする。
2 すべての材料を合わせる。

ドレッシングや
牛ステーキソースにも

おろし玉ねぎ
しょうゆだれ

材料（つくりやすい分量）

- 玉ねぎ ・・・・・・・・・・・・・ ½個

A
| しょうゆ ・・・・・・・・ 大さじ3
| オリーブオイル
| 　・・・・・・・・・・・・・・・ 大さじ2
| はちみつ、酢、レモン汁
| 　・・・・・・・・・・・・・・・ 各大さじ1
| にんにく、しょうがチューブ
| 　・・・・・・・・・・・・・・・・・ 各3cm

作り方

1 玉ねぎはすりおろしてボウルに入れ、ラップをかけレンジで1分半加熱する。
2 A の調味料を加えて混ぜる。あら熱をとって冷蔵庫で冷やす。※1晩ねかすとより味に深みが増す。

その他の たれ アレンジ料理

梅みりんだれ

かつおはタタキになっているものを
買ってきても◎

かつおの梅たたき

材料（2人分）

- ・刺身用かつおさく ……………………… 300g
- ・みょうが、小ねぎ、かいわれ大根などの薬味
  …………………………………………… 各適量
- ・梅みりんだれ（P30）……………………… 適量

作り方

1 ボウルに氷水を用意しておく。
2 フライパンを火にかけてしっかり熱し、かつ
　おの皮目を下にして1分ほど焼く。
3 残りの面を30秒ずつサッと焼き、氷水につ
　けてすばやく熱を取り、キッチンペーパーに
　包んで水けをしっかり拭く。
4 厚み1cmほどに切り分けて薬味とともに盛り
　付け、梅みりんだれをかける。

カブのみずみずしい甘みに
梅の酸味がマッチ

カブの梅和え

材料（2人分）

- ・小カブ ………………………… 2個
- ・カブの茎と葉………………… 適量
- ・塩　………………………… ひとつまみ
- ・梅みりんだれ（P30）… 大さじ1〜2

作り方

1 小カブは厚さ2〜3mm幅の半月切
　り、茎と葉は小口切りにする。
2 ボウルに1と塩を加えて混ぜ、5
　分おく。水分が出てきたらキッチ
　ンペーパーで水けを拭き取る。
3 梅みりんだれを加えて和え、盛り
　つける。

梅みりんだれ

ニラザーサイだれ

ラー油をかけたらお店の味！
細めの中華麺でも

ニラザーサイ
まぜそば

材料（2人分）

・そうめん ……………… 2束（合わせて100g）
・ニラザーサイだれ（P31） ……………… 適量
・卵黄または温泉玉子 ……………… 2個分
・ラー油 ……………… 適量

作り方

1 そうめんは袋の表示通りにゆでて流水で締め、水をきって等分に盛り付ける。

2 ニラザーサイだれを大さじ3ずつかけ、卵黄または温泉玉子をのせる。お好みでラー油をかけ、よく混ぜて食べる。

ねぎ塩ペッパー
レモンだれ

鶏肉でもOK！
焼いてかけたら即完成！

豚バラ肉の
ねぎ塩レモン丼

材料（2人分）

・豚バラ薄切り肉 ……………… 250g
・ごはん ……………… 2膳分
・ねぎ塩ペッパーレモンだれ（P30）
……………… 適量
・レモン ……………… お好みで

作り方

1 豚バラ肉は食べやすい大きさに切ってフライパンに入れ、出てきた余分な油をキッチンペーパーで拭き取りながらこんがり焼く。

2 丼にごはんをよそって肉をのせ、ねぎ塩ペッパーレモンだれをたっぷりかける。お好みでレモンを添える。

大葉にんにく
みそポンだれ

ジューシーな大根に
みそポンがしみ込む

大葉香る
大根ステーキ

材料（2人分）

・大根 ……………………………………… 4cm
・ごま油 …………………………………… 小さじ1
・大葉にんにくみそポンだれ（P30）…… 大さじ3

作り方

1 大根は1cm幅に切って格子状に切り込みを入れる。

2 フライパンにごま油をひいて大根を入れ、フタをして3分ほど焼く。こんがりしたら上下を返し、同様に焼く。

3 大葉にんにくみそポンだれを加え、返しながら煮からめて盛り付ける。

だしトマト
キムチだれ

カリカリ厚揚げはもはや
すべてのたれに合う！（笑）

カリカリ厚揚げ

材料（2人分）

・厚揚げ（絹）………………………… 1丁
・だしトマトキムチだれ（P31）‥適量

作り方

1 厚揚げは油抜きして6等分にカットし、トースターやグリルでカリカリになるまで焼く。

2 皿に盛り付けてだしトマトキムチだれをこんもりとのせる。

おろし玉ねぎ
しょうゆだれ

並べただけでおしゃれ！
ひとりで一皿食べたい〜

トマトサラダ

材料（2人分）

・トマト ……………………… 大1個
・おろし玉ねぎしょうゆだれ（P31）
………………………………… 適量
・ベビーリーフ …………… お好みで

作り方

1 トマトは薄い輪切りにして皿に並べ、中央にベビーリーフを盛る。

2 おろし玉ねぎしょうゆだれをかける。

黒酢香味だれ

黒酢となすは好相性◎
なすだけで立派な1品に

香味焼きなす

材料（2人分）

・なす ………………………………… 2本
・黒酢香味だれ（P31） ……………… 大さじ2
・パクチー ………………………… お好みで

作り方

1 なすはガクを取って包丁で縦数ヵ所に切り込みを入れ、グリルまたはトースターで焼く。

2 皮がこんがり焼けたらあら熱を取って皮をむき、盛り付けて黒酢香味だれをかける。

メインのおかずバリエ

ほめられBEST献立のおかずにつづく、わが家で人気の味つけをまとめました。
こってりガッツリ！　どのおかずも白米との相性はバッチリです。

薄切り肉を重ねてやわらか！　鶏もも肉に変更OK

薄切り肉でガーリックウスタートンテキ

材料（2人分）

- 豚ロース薄切り肉（しょうが焼き用）
  …………………………………… 8枚
- にんにく ……………………… 2片
- 酒 ……………………………… 大さじ1
- 塩、こしょう ………………… 各少々
- ごま油 ………………………… 大さじ1
- 片栗粉 ………………………… 適量
- **A** ウスターソース、みりん
  ……………………………… 各大さじ2
  しょうゆ ……………………… 小さじ2
  砂糖 …………………………… 小さじ½
- キャベツの千切り ………… お好みで

作り方

1 **A**の調味料は合わせておく。にんにくは薄切りにして芯を取る。豚ロース薄切り肉は表面に塩、こしょうをふって薄く片栗粉をまぶし、4枚ずつ重ねる。

2 フライパンににんにくとごま油を入れて火にかける。しゅわしゅわとしてきたら弱火にし、焦がさないように注意しながらきつね色になるまで加熱して取り出し、にんにくチップをつくる。

3 一度火を止めたフライパンに肉を並べ入れる。火にかけて両面2〜3分ずつ焼き、うっすらと焼き色がついたら酒を加えて3分ほど蒸し焼きにする。

4 **A**の調味料を加えてしっかり煮立たせ、肉の両面にからめる。肉を取り出し、器に盛りキャベツを添える。

5 フライパンに残ったたれを火にかけてふつふつと煮詰める。しっかりとろみがついたら、肉ににんにくチップをのせ、たれをかける。

にんにくはたっぷり2片！　焦げやすい芯はつまようじで取り除く。

上下左右あえて違う向きで重ねると、脂身が偏らずおいしい。

焦がさないように注意。キッチンペーパーに取り出して。

煮詰めたたれを後がけするので、サッとからめる程度でOK。

ときどきぎゅっとへらで押しながらこんがりと香ばしく焼く。

Point

◎ 喜ばれるポイント
ガーリック×ソース味がたまらない！
しょうゆで味が締まります。

◎ がんばらないポイント
かたくなりがちなトンテキも薄切り
肉ならやわらかく！ 筋切りも不要。

Point

◎ 喜ばれるポイント
ふつうの豚キムチより、みそでコク増し！ ごはんが足りない〜！

◎ がんばらないポイント
炒めるだけ！ キムチをしっかり熱すると格段においしくなる。

この味付け、嫌いな人はいないはず！

れんこん豚みそキムチ

材料（2人分）

- れんこん ………………………… 200g
- 豚バラ薄切り肉 ………………… 200g
- 白菜キムチ ……………………… 100g
- 塩、こしょう …………………… 各少々
- **A** みそ ………………………… 大さじ1
  しょうゆ、みりん ………… 各小さじ2
  砂糖 ………………………… 小さじ1
- ブラックペッパー、小ねぎ …… 各お好みで

作り方

1 れんこんは皮をむいて7mm幅ほどの半月切りにし、アクが気になれば水にさらす。**A**は合わせておく。

2 食べやすい大きさに切った豚バラ肉をフライパンに入れて塩、こしょうで下味をつけ、火をつけて炒める。

3 肉の色が変わって脂が出てきたら、水けを拭き取ったれんこんを入れて炒める。

4 れんこんに豚バラの脂がまわったらキムチを加えて1〜2分ほど炒め合わせる。

5 仕上げに**A**の調味料を加えて汁けがなくなるまで炒め、ブラックペッパー、小口切りにした小ねぎをかける。

肉用にまな板を使わずキッチンバサミでカットして直接入れる。

豚バラ肉から出た脂をれんこんにからめるように炒める。

キムチは鍋肌に触れさせて、しっかり炒めるとうまみUP。

豚バラのおいしい脂が、なすに染み込む

なすの肉巻きしょうが焼き

材料（2人分）

- なす ………………………………… 2本
- 豚バラ薄切り肉 ……………………… 8枚
- 塩、こしょう …………………… 各少々
- 片栗粉 …………………………… 適量
- A ┃ 酒、みりん、しょうゆ …… 各大さじ1
  ┃ オイスターソース ………… 大さじ½
  ┃ しょうが（すりおろし）………… 1片分
- いりごま …………………………… 適量

作り方

1 なすはヘタを切り落として縦4等分に切る。

2 なすに豚バラ肉を巻きつけ、表面に塩、こしょうをふって下味をつける。表面に片栗粉を薄くまぶし、肉の巻き終わりの内側にも片栗粉をつける。

3 冷たいフライパンに2を巻き終わりを下にして並べ入れ、フタをして4分ほど焼く。フタをあけて転がしながらなすがやわらかくなるまでさらに焼く。

4 Aの調味料を加えて煮立たせ、からめながら照りが出るまで加熱する。並べて盛りつけ、フライパンに残ったたれをかけていりごまを散らす。

肉の巻き終わりの内側にも、片栗粉をまぶすとはがれにくい。

なすがやわらかくなるまでしっかり蒸し焼きにしよう。

照りが出るまでしっかりからめると見栄えがグンとよくなる。

豚キャベチーズの焼き春巻き

材料（2人分）

- 豚ロース薄切り肉 …………………… 6枚
- 春巻きの皮 …………………………… 6枚
- キャベツ ……………………………… 160g
- スライスチーズ ……………………… 3枚
- 大葉 …………………………………… 6枚
- 塩、こしょう ………………………… 各少々
- サラダ油 ……………………………… 大さじ3
- 中濃ソース、からし ………… 各お好みで

作り方

1 キャベツは太めの千切りにして塩小さじ⅓（分量外）をなじませ、10分おく。出てきた水分をふきんやキッチンペーパーでギュッと絞る。

2 春巻の皮のつるつるした面を下にして置き、手前に塩、こしょうをふった豚ロース肉、半分に切ったチーズ、キャベツの順に重ね、少し離して大葉を置く。これを巻いて、巻き終わりを下にして5分ほどおいておく（6本分つくる）。

3 フライパンにサラダ油と**2**を入れ、フタをして4分加熱する。上下を返して弱火にし、3分ほど加熱したら取り出し、油をきる。

4 盛りつけて中濃ソースとからしを添える。

塩でキャベツの水分をしっかり出しておくと失敗しない。

大葉は巻き終わりに近いところに置くときれいに表に出る。

はじめは蒸し焼きでしっかり肉に火を通す。

のりづけ不要！ しばらくおくだけで密着します。

Point

◎ **喜ばれるポイント**
パリパリ春巻きにぎっしりのキャ
ベツとチーズ。おつまみにも。

◎ **がんばらないポイント**
具を炒めてつくらないのでとても
簡単。塩もみだけがんばって〜!

あとはこんがりする
まで表面を揚げ焼き
すればOK。

Point

◎ 喜ばれるポイント
ひと口食べればじゅわ〜っと幸せ。
マスタードはなくてもOK。

◎ がんばらないポイント
時間がないときは、2〜3個ずつ
巻けば早いです。笑。

チーズあふれるジューシーおかず

ポークモッツァレラのマスタードソース

材料（2人分）

- 豚こま切れ肉 ……………………… 300g
- ひと口モッツァレラ ……… 1袋（24個入り）
- 塩、こしょう ………………………… 各少々
- 小麦粉 ……………………………… 適量
- オリーブオイル ………………… 小さじ2
- **A** ┌ ウスターソース、ケチャップ
　　　│ ……………………… 各大さじ2
　　　│ 酒、粒マスタード ………… 各小さじ2
　　　└ 砂糖 ………………………… 小さじ1

作り方

1 豚肉を広げ、ひと口モッツアレラを1〜2個ずつ包んで丸める。表面に塩、こしょうをふり、小麦粉大さじ2くらいをドサッとかけて表面にまぶす。※まんべんなくまぶして余分な粉は落とし、ギュッと握ると崩れにくい。

2 フライパンにオリーブオイルをひいて熱し、**1**を入れてコロコロ焼く。

3 表面がこんがりと焼けたら**A**の調味料を入れ、焼きからめながら中まで火を通す。※焼いていると中のチーズが飛び出てきますが、チーズと調味料が一体となってからまるのもおいしいので気にしない!!

大きめな豚こま肉で包み、こまごました部分は入れ込む。

細かい肉のみでもひき肉のようにギュッと丸めて粉をまぶせばOK。

こんがりとまわりを焼き固めてから調味料を入れる。

まるでタンドリーチキン！な下味がポイント

鶏とほうれん草のカレークリーム煮

材料（2人分）

- 鶏もも肉 ……………………… 1枚（300g）
- 玉ねぎ ………………… ¼個（小さめなら½個）
- ほうれん草 ……………………………… ½袋
- オリーブオイル ………………………… 小さじ2
- バター …………………………………… 10g
- 小麦粉 ………………………… 大さじ1と½

A
- しょうゆ、砂糖 ………………… 各小さじ1
- ケチャップ ……………………… 大さじ2
- カレー粉 ………………………… 小さじ2
- 塩 ……………………………… ひとつまみ
- にんにくチューブ …………………… 3cm

B
- 牛乳 …………………………… 200㎖
- コンソメ ………………………… 小さじ1
- みそ …………………………… 大さじ1

- ブラックペッパー …………… お好みの量

作り方

1 玉ねぎはくし切りにする。ほうれん草は4cm幅に切る。鶏もも肉は余分な筋や脂を取り除いてひと口大に切り、ビニール袋に入れて**A**の調味料を加えよく揉み込み、15分おく。

2 フライパンにオリーブオイルをひいて熱し、玉ねぎを入れて炒める。透き通ってきたらフライパンの中央をあけて下味をつけた肉を加え、皮目を下にして触らずに焼き付ける。※玉ねぎは焦げないように菜ばしでときどき炒める。

3 肉がしっかりめにこんがり焼けたら、裏返して2分ほど焼く。フライパンにすきまをあけてバターを溶かし、ほうれん草を加えて炒める。ヘラに持ちかえて全体を炒める。

4 小麦粉を加えて粉っぽさがなくなるまでさらに炒め、**B**を加えて煮立たせる。煮立ったら弱火にしてとろみがつくまで加熱し、器に盛りつけてブラックペッパーをふる。

タンドリーのようにしっかり味をつけてこんがり焼くとおいしい。

ほうれん草は、ゆでずに生から炒めてOK！

牛乳を加えたらダマにならないよう混ぜながら加熱して。

Point

◎ 喜ばれるポイント
隠し味のみそで、ごはんがすすむカレークリーム!!

◎ がんばらないポイント
ほうれん草は下ゆでで不要。フライパンひとつで完成。

さっぱりてりやきに濃厚な
アボカドタルタルがマッチ

鶏のポン酢てりやき
アボカドタルタル

Point

◎ 喜ばれるポイント
てりやき＋タルタルの鉄板コン
ビ！ なのに見栄えも味も新しい。

◎ がんばらないポイント
アボカドは潰すだけ。ポン酢を煮
詰めてほどよい酸味のてりやきに。

材料（2人分）

- 鶏もも肉 …………………… 小2枚
- アボカド …………………… ½個
- 塩、こしょう ……………… 各少々

A
- ポン酢、酒 ……………… 各大さじ3
- 砂糖 …………………… 大さじ1と½

B
- マヨネーズ ……………… 大さじ2
- 塩、こしょう ……………… 各少々
- にんにくチューブ ……… 2cm
- レモン汁 ………………… 小さじ½
- ベビーリーフ ……………… お好みで

作り方

1 鶏もも肉は余分な筋や脂を切り落として筋切りし、塩、こしょうで下味をつける。

2 フライパンに皮目を下にして並べ入れ、強めの中火にかけてときどきヘラで押し付けながら5〜6分こんがりと焼く。

3 裏返してAの調味料を加え、煮詰めながらからめる。照りが出たら火を止めてフライパンに入れたまま5分休ませる。

4 アボカドを角切りにしてボウルに入れ、Bの調味料を加えてタルタルをつくる。

5 肉を切り分けて器に盛り、4をかける。ベビーリーフを添える。

下処理も下味つけも、フライパンの中でやってもOK！

ひっくりかえしたらすぐ調味料を入れてOK。

ときどき煮汁をかけながらしっかり煮詰めて照りを出して。

にんにくが隠し味。卵なしでタルタル風に！

梅干しが苦手な人にも食べてもらいたい味

鶏肉の梅オイスターてりやき

材料（2人分）

- 鶏もも肉 ･････････････････････ 1枚（300g）
- 長ねぎ ･･････････････････････････････ 2本
- 梅干し ･･････････････････････････････ 2粒
- 塩、こしょう ･･･････････････････････ 各少々
- A
  - オイスターソース、みりん
  - ･･････････････････････････････ 各大さじ1
  - しょうゆ ･･････････････････････ 小さじ2
  - 砂糖 ･･････････････････････････ 小さじ1
- かいわれ大根 ････････････････････ お好みで

作り方

1　梅干しはたたいて **A** の調味料と合わせておく。長ねぎは3cm幅に切る。鶏もも肉は余分な筋や脂を取り除いてひと口大にカットする。

2　フライパンに鶏もも肉を入れて塩、こしょうで下味をつけ、皮目を下にして並べて火にかける。4分ほど焼いてこんがりと焼き色がついたら上下を返し、長ねぎを加えてこんがり焼く。

3　一度火を止めて **1** の調味料を加える。再び火にかけ、照りが出るまで炒める。器に盛り、かいわれを添える。

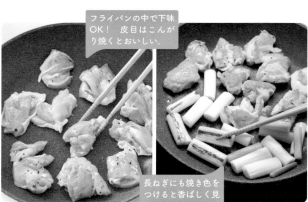

フライパンの中で下味OK！ 皮目はこんがり焼くとおいしい。

長ねぎにも焼き色をつけると香ばしく見た目もよくなる。

どろりとして煮詰まりやすいので火を止めてから加える。

◎ 喜ばれるポイント

しっかり味のついたザク衣。かぶりつくと閉じ込めた肉汁溢れる。

◎ がんばらないポイント

漬け込まないのですぐ出せて、すぐに揚げたてを食べてもらえる！

時間差でまぶす片栗粉にザクザクの秘訣あり

和風あげ鶏

材料（2人分）

- 鶏もも肉 ‥‥‥‥‥‥‥‥‥ 1枚（300g）
- 片栗粉 ‥‥‥‥‥‥‥‥‥ 大さじ5〜6
- A
  - しょうゆ ‥‥‥‥‥‥‥‥ 大さじ1
  - 和風だしの素、酒 ‥‥‥‥ 各小さじ1
  - しょうが、にんにくチューブ ‥‥ 各3cm
- サラダ油 ‥‥‥‥‥‥‥‥‥‥ 適量
- レモンのくし切り ‥‥‥‥‥‥ お好みで

作り方

1 鶏もも肉は余分な筋や脂を切り落として4等分に切る。ビニール袋に入れて **A** の調味料を加え、よく揉み込む。

2 ビニール袋に片栗粉大さじ2を入れて粉っぽさがなくなるまで揉む。バットにこれを取り出し、さらに片栗粉を大さじ3〜4まぶして皮を整えて10分おく。

3 フライパンに底から1cmの深さまでサラダ油を注いで180度に熱する。皮目を下にして入れ、やや強めの中火で触らず3分揚げ焼きし、上下を返して同様に2分ほど揚げる。皮を上にしてしっかり油を切る。器に盛りレモンを添える。

片栗粉が混ざった調味料をまとわせると肉汁が逃げない。

追加で片栗粉をつけモロモロッとした部分がザクザクになる。

10分おいてから揚げるとよりザクザク！油はねも少ない。

手づくり和風ソースで店の味！ キャベツをしいて丼にも

揚げないささみの和風チキンカツ

材料（2人分）

- 鶏ささみ ……………………………… 6本
- 小麦粉 ………………………………… 大さじ3
- 水 ……………………………………… 大さじ2
- いりごま ……………………………… 適量
- A │ 塩 ………………………………… 小さじ½
  │ 酒 ………………………………… 大さじ1
- パン粉、サラダ油 …………………… 各適量
- B │ 中濃ソース …………………… 大さじ3
  │ しょうゆ、みりん、水…各大さじ1
  │ 砂糖 ……………………………… 小さじ1

作り方

1 ささみは筋を取り除いてビニール袋に入れ、**A**の調味料を加えて揉む。

2 小麦粉と水を加えて揉み、袋から取り出して、バットなどに広げたパン粉をまんべんなくつけ、10分おく。

3 フライパンに深さ5mmくらいまでサラダ油を注いで170度に熱し、**2**を入れて2分揚げ焼きにする。上下を返してさらに2分ほど加熱し、取り出して油を切りながら網の上で5分以上休ませる。

4 耐熱容器に**B**の調味料を入れてレンジで1分半加熱してソースをつくる。ささみカツにソースをたっぷりとかけ、いりごまをふる。

Point

◎ 喜ばれるポイント
ささみがしっとり。ソースのしみ
込んだたれカツでごはんがすすむ。

◎ がんばらないポイント
衣づけ革命！ フライをつくると
指がでっかくなっちゃう人、必見。

卵は不要！ ビニール
袋に入れ、水溶き小麦
粉をまとわせればOK。

パン粉をつけてしばら
くおくとしっとり密着！
断然はがれにくく

網の上で休ませしっ
かり油を切ると、よ
りカラッとする。

少ない油の揚げ焼き
で十分！ きつね色
になるまで加熱。

ごはんに合うソース
は手づくり。このひ
と手間でお店の味！

なすは揚げたようにとろっとおいしい

焼きなすの肉みそ詰め

材料（2人分）

- なす ……………………… 3本
- 豚ひき肉 ……………… 200g
- 大葉 …………………… 6枚
- ごま油 ………………… 大さじ2
- ポン酢 ………………… 小さじ2
- 柚子ごしょう ………… 小さじ⅓

A
- 酒 ……………………… 大さじ3
- みそ、みりん …… 各大さじ2
- 甜麺醤 ………………… 大さじ1
- しょうがチューブ ……… 3cm
- 片栗粉 ………………… 小さじ1

- いりごま ……………… お好みで

作り方

1 なすはヘタの部分にぐるりと一周切り込みを入れ、ガクを取る。ヘタがついたまま縦半分に切り、皮の中央に包丁で切り込みを入れておく。**A** は合わせておく。

2 フライパンにごま油を入れ、なすを入れて表面にごま油をまとわせる。なすの皮目を下にしてフタをし、火をつけて強めの中火で3〜4分焼く。

3 フタをあけて上下を返し、キッチンペーパーでフライパンの余分な油を拭き取る。再びフタをして弱火にし、なすがやわらかくなるまで1〜2分蒸し焼きにして3個ずつ盛り付ける。それぞれにポン酢を小さじ1ずつふって大葉をのせておく。

4 同じフライパンで豚ひき肉をほぐしながら炒める。肉の色が変わったら **A** を加える。とろみがついたら火を止め、仕上げに柚子ごしょうを加えて混ぜる。

5 **3** に **4** をたっぷりのせ、いりごまをふる。

食べやすさ重視のかたはヘタを切り落としてもOK。

先になすに油をまとわせると火通りが早く変色もしにくい。

調味料は片栗粉入りなので加える前に再度よく混ぜる。

point

◎ 喜ばれるポイント
甘めの肉みそは柚子ごしょうを加えるとさわやかで食べ飽きない。

◎ がんばらないポイント
見た目より簡単。なすはポン酢をふっておくと味の一体感がUP！

◎ 喜ばれるポイント
濃い味のすき焼きがトマトでさっぱり。いくらでも食べられる味。

◎ がんばらないポイント
すぐできるのに豪華！ 入れる調味料も少なくてとっても簡単。

Point

牛肉をシンプルに！ トマトのうまみでだしいらず

牛すきトマト

材料（2人分）

- ・牛切り落とし肉 ……………………… 200g
- ・トマト …………………………………… 大1個
- ・玉ねぎ …………………………………… ¼個
- ・ごま油 ………………………………… 大さじ1
- **A**｜酒、砂糖、しょうゆ‥‥‥各大さじ1と½
- ・かいわれ大根 ……………………… お好みで

作り方

1. トマトは食べやすい大きさに切る。玉ねぎはくし切りに。
2. フライパンにごま油をひいて熱し、玉ねぎを炒める。しんなりしたら**A**を入れ、砂糖が溶けたら牛肉を加えて味をからめる。
3. 牛肉の色が変わってきたらトマトを加え、トマトが少し煮崩れてきたところで火を止める。器に盛り、かいわれをのせる。

ほとんど煮ないので玉ねぎはしっかり炒めてしんなりさせる。

ここで先に牛肉に味をしっかりからめておく。

フライパンのまま少しおくとトマトのうまみが出てよりおいしく。

◎ 喜ばれるポイント
うま辛なスープをたっぷり吸い込んだ春雨でごはんがすすむ！

◎ がんばらないポイント
牛肉をひき肉に替えておいしく時短！ 春雨の別ゆでも不要です。

Point

52

煮込み3分！
もうできたの!?と言われます（笑）

うま辛そぼろスピードチャプチェ

材料（2人分）

- 合いびき肉 ……………………… 150g
- 春雨 ……………………………… 60g
- 玉ねぎ ………………………… ½個
- 赤パプリカ …………………… ⅓個
- ニラ ……………………………… 5本
- ごま油 ……………………… 大さじ1

A
- 　水 ………………………… 250㎖
- 　鶏ガラスープの素 ……… 大さじ½
- 　しょうゆ、オイスターソース、
- 　　コチュジャン ……… 各大さじ1
- 　にんにくチューブ …………… 5㎝
- いりごま ………………………… 適量

作り方

1 玉ねぎはくし切りにする。パプリカは細切りにする。ニラは3㎝幅に切る。春雨は水をかけて水けをきっておく。

2 フライパンに合いびき肉と玉ねぎを入れて炒め、肉の色が変わったら春雨とAを加えて火を強めて煮立たせ、ときどき混ぜながら水分を飛ばすように3分ほど煮る。

3 煮汁が少なくなってきたらパプリカとニラを加えてザッと炒め、火を止める。ごま油を回し入れ、混ぜたら盛りつけていりごまをふる。

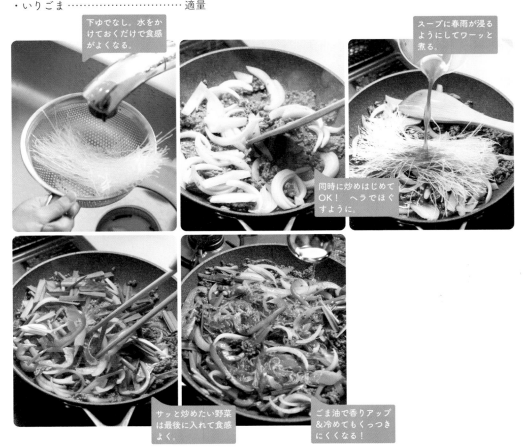

下ゆでなし。水をかけておくだけで食感がよくなる。

同時に炒めはじめてOK！　ヘラでほぐすように。

スープに春雨が浸るようにしてワーッと煮る。

サッと炒めたい野菜は最後に入れて食感よく。

ごま油で香りアップ＆冷めてもくっつきにくくなる！

Point

◎ 喜ばれるポイント
レモンとバターでコクがあるのに
さっぱり。しょうゆで食欲アップ。

◎ がんばらないポイント
塩サバで手軽に魚料理。カレー粉
を加えてもおいしい！

バターしょうゆで、がっかりさせない魚料理

塩サバとアスパラのレモンバター焼き

材料（2人分）

- 塩サバ ························· 2切れ
- アスパラガス ·················· 4本
- レモン ························· ½個
- オリーブオイル ·············· 小さじ1
- **A** ┃ バター ···················· 10g
  ┃ しょうゆ ················ 小さじ1
- ブラックペッパー、パクチー
  ···················· 各お好みで

作り方

1 アスパラガスは根元から⅓の部分のかたい皮をピーラーでむき、長さを4等分に切る。塩サバは食べやすい大きさに切る。レモンは半月切りにする。

2 アスパラガスはラップに包みレンジで40〜50秒加熱。フライパンにオリーブオイルをひいて熱し、塩サバを皮目から入れて焼く。

3 2分ほどたったらサバの上下を返し、同様に2分焼く。

4 仕上げにアスパラ、レモン、**A**を入れてざっと炒め、器に盛りブラックペッパーをふる。

余熱でやわらかくなりすぎないよう加熱後はすぐにラップをあげて。

皮目を下にしてパリッと焼くと香ばしさアップ。

レモンを加えたら、炒めすぎずにサッと仕上げる。

◎ 喜ばれるポイント
味がしみていてごはんがすすむ。
れんこんと舞茸で食感も抜群。

◎ がんばらないポイント
揚げ焼きして漬けるだけ！ 塩た
らを使って下味を省いてもOK。

オリーブオイルでさっぱり！ サケに変更OK!

たらとれんこんのポン酢焼きびたし

材料（2人分）

- 生たら ……………………………… 2切れ
- 塩 ……………………………………… 少々
- れんこん ………………………………… 120g
- 舞茸 ……………………………………… ½パック
- 片栗粉 ………………………………… 適量
- オリーブオイル ……………………… 大さじ3
- A
  - ポン酢 ………………………… 大さじ4
  - 砂糖 …………………………… 小さじ2
  - しょうがチューブ …………… 2〜3cm
- かいわれ大根 ………………………… お好みで

作り方

1 ボウルにAの調味料を合わせる。

2 たらは塩をふって10分ほどおき、出てきた水分をキッチンペーパーで拭き取る。食べやすい大きさに切る。れんこんは7mm幅の半月切りにし、舞茸はほぐす。

3 たらとれんこんの表面に片栗粉をまぶす。

4 フライパンにオリーブオイルをひいて熱し、れんこんを入れて両面1〜2分ずつ焼いて、1のボウルに漬ける。

5 同じフライパンでたらを両面2分くらいずつ焼いて1に漬け、舞茸も同様に焼いて1に漬ける。

6 全体に味がまわるように和えたら器に盛り付け、かいわれをのせる。

れんこんはビニール袋で片栗粉をまぶすとまんべんなくつく。

れんこんから順番に揚げ焼きにして調味料に漬けるだけ！

たらが崩れないように底からさっくり混ぜ合わせて。

サブのおかずバリエ

たかが副菜。されど副菜！　喜ばれる野菜のおかずを集めました。
メインと味つけが被らないように選んでみてください。

やわらかいなすにからむ
シャキシャキ水菜！

蒸しなすと水菜の
おかか柚子ごしょう
ポン酢

材料（2人分）

・なす ……………………………………………… 2本
・水菜 …………………………………………… 1株(50g)
・かつおぶし ………………………………… 1パック
・オリーブオイル ………………………… 大さじ1

A
｜ポン酢 ……………………………………… 大さじ1
｜砂糖 ……………………………………… 小さじ½
｜柚子ごしょう ……………………………… 小さじ⅓

作り方

1　水菜は2cm幅に切る。なすはピーラーでしま
　　模様に皮をむき、1cm幅の輪切りにして耐熱
　　ボウルに入れ、オリーブオイルを加えて混ぜ
　　る。ラップをかけてレンジで3分加熱する。

2　**A**の調味料を加え、なすに味がまわったら水
　　菜とかつおぶしを加えて混ぜる。

Point

◎ 喜ばれるポイント
さっぱり味で、こってりおかずと
好相性。なすに味がしみしみ！

◎ がんばらないポイント
レンジだけであっというまに完
成！　野菜だけでおいしいおかず。

オリーブオイルをま
とわせれば加熱も早
く変色しにくい。

洗った水けが残って
いたらしっかり拭き
取って。

柚子ごしょうは菜ば
しを使いボウルの端
でポン酢に溶かして。

ノンオイルであっさり！
なのにしっかりおいしい

小松菜ときのこの
つゆポン和え

材料（2人分）

- 小松菜 ·························· 1束
- しめじ ··················· 1株（100g）
- しらす ························· 30g
- 塩 ························· 小さじ½
- 酒 ························· 大さじ1

A ┃ めんつゆ（3倍濃縮） ········· 小さじ2
  ┃ ポン酢 ··················· 小さじ2

作り方

1 しめじは石突きを落としてほぐす。小松菜は
  4等分に切って葉と茎にざっくりと分ける。
2 耐熱ボウルに小松菜の茎、葉、しめじの順に
  のせ、塩と酒をふる。ラップをかけてレンジ
  で3分加熱し、熱いうちによく混ぜてあら熱
  を取る。
3 ふきんやキッチンペーパーでギュッと水けを
  絞り、Aの調味料としらすを加えて和える。

鍋で余った白菜も
おいしく食べられる

白菜とツナの
梅こんぶ和え

材料（2人分）

- 白菜 ························· 300g
- ツナ缶（オイル漬け） ············· 1缶
- 塩 ························· 小さじ½
- 梅干し ························· 1個

A ┃ 塩昆布 ····················· 5g
  ┃ かつおぶし ················ 1パック
  ┃ ポン酢 ··················· 小さじ1
  ┃ オリーブオイル ············· 大さじ1

- いりごま ················· お好みで

作り方

1 白菜は斜め1cm幅に切って耐熱ボウルに入れ、
  塩をまぶしてレンジで3分加熱し、すぐに混
  ぜる。あら熱が取れたら水けを絞る。梅干し
  はたたく。ツナは油をきっておく。
2 ボウルに1とAを合わせてよく和える。
3 器に盛りいりごまをふる。

生ハムをたこに替えても◎
おつまみにもいける！

ブロッコリーと
生ハムの
レモンしょうゆマリネ

材料（2人分）

- ブロッコリー ·························· ½株（130g）
- 玉ねぎ ······································ ½個
- 生ハム ······································ 3枚
- 粉チーズ ···································· 適量

A
オリーブオイル ···················· 大さじ2
レモン汁、しょうゆ ·············· 各小さじ2
にんにくチューブ ·················· 2cm
ブラックペッパー ·················· たっぷり

作り方

1 ブロッコリーは小房に分けて塩少々（分量外）を加えた熱湯で2〜3分ゆでて水けをきり、あら熱を取る。

2 玉ねぎはスライサーでごく薄くスライスして水にさらす。

3 ボウルに水けをぎゅっと絞った**2**と**A**を合わせ、**1**と生ハムをちぎりながら加えて和える。

4 冷蔵庫で冷やしてから盛り付け、仕上げに粉チーズをふる。

Point

◎ 喜ばれるポイント
食べやすいしょうゆベースのマリネに粉チーズ。野菜がおいしく！

◎ がんばらないポイント
普段から食べられるほど簡単なのに、手が込んでいるように見える！

玉ねぎはスライサーを使うとカンタン！

ブロッコリーはあら熱を取りながら余分な水分を飛ばして。

生ハムのうまみがブロッコリーに。よく冷やすと味が染み込む。

何にでも合う定番副菜！
冷蔵庫で味をなじませて

ハムときゅうりの
もやし中華サラダ

材料（2人分）

- もやし ……………………………… 1袋（200g）
- きゅうり ………………………………… 1本
- ハム ……………………………………… 4枚
- 卵 ………………………………………… 1個

A	砂糖 ………………………………… 小さじ½
	水 …………………………………… 小さじ1

B	しょうゆ、酢、ごま油、炒りごま ……………………………… 各小さじ2
	鶏ガラスープの素 ……………… 小さじ1

作り方

1 もやしはボウルに入れてラップしレンジで2分30秒加熱し、すぐに混ぜて余熱でまんべんなく火を通す。ハム、きゅうりは千切りにする。

2 別のボウルにAと卵を加えて混ぜ、ラップをしいた平らな皿に広げてレンジで1分加熱する。これを千切りにし錦糸卵をつくる。

3 もやしのあら熱が取れたらキッチンペーパーで水けを絞ってボウルに戻し入れ、きゅうり、ハム、錦糸卵、Bの調味料を加えて和える。

めかぶでミネラル！
さっぱり漬け物がわりにも◎

塩もみ大根の
梅めかぶ和え

材料（2人分）

- 大根 …………………………………… 7cm
- 味付きめかぶ ……………………… 1パック
- 梅干し ………………………………… 1個
- 塩 ……………………………………… 小さじ½
- 刻み海苔 ……………………………… 適量

A	めんつゆ（3倍濃縮） ……………… 小さじ1
	いりごま ………………………… 小さじ1

作り方

1 大根は皮をむいて縦4等分に切り、スライサーで薄くスライスする。塩を加えて5分おき、出てきた水分を絞る。梅干しはたたく。

2 ボウルに1とめかぶ、Aを加えて和える。刻み海苔をのせる。

いつものナムルに飽きたら
試してみて〜！

ほうれん草とちくわの
コチュナムル

材料（2人分）

・ほうれん草	1束
・ちくわ	2本

A		
	ごま油	大さじ1
	コチュジャン、いりごま	各小さじ2
	しょうゆ、酢	各小さじ1
	にんにくチューブ	3cm

作り方

1 ちくわは縦半分に切ってから斜め切りにする。ほうれん草は塩少々（分量外）を加えた熱湯でゆでて冷水に取り、水けを絞って食べやすい長さに切る。

2 ボウルにちくわとほうれん草、**A**を加えてよく和える。

地味なのに、
毎日食べたい飽きない味

ささみとピーマンの
おかかごまみそ和え

材料（2人分）

・鶏ささみ	2本
・ピーマン	4個

A		
	塩	少々
	酒	小さじ2

B		
	みそ	小さじ2
	砂糖、めんつゆ（3倍濃縮）	各小さじ1
	すりごま	大さじ1
	かつおぶし	1パック

作り方

1 ささみは筋を取って耐熱容器に入れて**A**をふり、ラップをかけてレンジで2分加熱する。そのままおいて余熱で中まで火を通し、あら熱を取ってほぐす。

2 ピーマンは2等分してヘタと種を取り、繊維を断つ方向に1cm幅に切る。これを耐熱ボウルに入れ、ラップをかけてレンジで1分30秒加熱する。

3 **2**のボウルに**1**を合わせ、**B**を加えて和える。

根菜が甘くておいしい
ほっこりマリネ

さつまいもと
れんこんの
みそマスタードマリネ

材料（2人分）

- さつまいも ……………………………… 100g
- れんこん ………………………………… 100g
- オリーブオイル ……………………… 大さじ1

A
- みそ、マヨネーズ、はちみつまたは砂糖
  ……………………………… 各大さじ½
- 粒マスタード ………………………… 大さじ1

作り方

1 さつまいもとれんこんは5mm幅の輪切りにする。※太いものは半月切りにする。
2 フライパンにオリーブオイルをひいて熱し、**1**を入れて焼く。
3 ボウルに**A**を合わせ、**2**を入れてからめる。

食べごたえバツグンの
ボリュームサラダ

焼きかぼちゃの
シーザーサラダ

材料（2人分）

- かぼちゃ ………………………… ⅛個（正味130g）
- ハーフベーコン ………………………… 4枚
- オリーブオイル ……………………… 小さじ1
- 塩、こしょう …………………………… 各少々
- ベビーリーフ …………………………… 適量

A
- マヨネーズ、粉チーズ ………… 各大さじ1
- レモン汁 ……………………………… 小さじ1
- にんにくチューブ ……………………… 2cm
- ブラックペッパー …………………… お好みで

作り方

1 ベーコンは1cm幅に切る。かぼちゃは薄切りにする。
2 フライパンにオリーブオイルをひいて熱し、ベーコンを入れてカリッとするまで焼く。
3 ベーコンを取り出し、かぼちゃを焼いて塩、こしょうをふる。ベビーリーフの上にかぼちゃをのせ、ベーコンと混ぜ合わせた**A**をのせ、ブラックペッパーをふる。

手抜きに見えない盛りつけワザ

同じ料理でも、見せかた次第でグンと見栄えアップ！
わたしが普段やっている盛りつけポイントをご紹介します。

見栄えワザ01
薬味を味方にする

ボリューミーな茶色いおかずこそ、小ねぎ、かいわれ大根、大葉などを散らしたり添えたりして、見た目に清涼感をプラスします。レタスを敷くのもOKですが、薬味に変えてみるとグッと大人っぽい盛りつけに。見た目だけでなく、いっしょに食べると味も爽やか〜！（写真：鶏肉の梅オイスターてりやき／P46）

食欲そそる〜

見栄えワザ02
照りよく見せる

おかずをもっと照りよく見せるには、フライパンに残った調味料をとっておくこと。熱々のうちはサラサラでも、冷めるとトロっとしてきます。小さな容器に取り出せばすぐ冷めるので、それを塗ったりかけたりしてみて。照りが増してより食欲をそそる見た目に！（写真：なすの肉巻きしょうが焼き／P39）

こんもり
おいしそう！

見栄えワザ**03**

立体的に盛る

和え物などは意識せずに盛ると、べちゃっとした
印象になりがちですが、ふんわりと高さを出すよ
うに盛るだけで見栄えがします。入っている具材
がどれも埋もれたり隠れることのないように、何
が入っているのかがわかるように盛るのもポイン
ト。（写真：海苔ザーサイポテサラ／P76）

見栄えワザ**04**

個別盛りおかずで
品数多いふうに見せる

とても当たり前のことですが(笑)。
主菜も副菜もひとつの器に盛りつけ
てしまうと、十分な量なのに案外さ
みしい食卓に見えがち。副菜を個別
に盛りつけてみたり、漬け物や冷や
やっこなど、簡単な一品を追加する
のもあり。ひとつでも個別盛りがあ
ると賑やかさが増します！（写真：
なすのそうめん風／P98）

1週間
おつかれさま〜!

Contents

Part 2
お酒がすすむ！

お酒がすすむごはんなら、喜ばれること間違いなし！
週末に1週間の出来事を話しながらの食事は、
お酒もすすみ、おしゃべりが止まりません。
酔っ払ってもつくれちゃうほど簡単なレシピもたくさん！
お酒にピッタリの居酒屋風メニューです。

おうち居酒屋メニュー BEST10

晩酌を楽しむ夫婦じかんに欠かせない、ビールに合う我が家のおつまみをご紹介。
つくってるそばから飲みたくなること間違いなし。

ザクザク鶏によだれが出るほどのたれをかけて

揚げよだれ鶏

材料（2人分）

- 鶏もも肉 ‥‥‥‥‥‥‥‥‥‥‥‥‥ 1枚（300g）
- きゅうりまたは葉野菜 ‥‥‥‥‥‥ 適量
- 片栗粉 ‥‥‥‥‥‥‥‥‥‥‥ 大さじ5〜7
- サラダ油 ‥‥‥‥‥‥‥‥‥‥‥‥‥ 適量

A
- しょうゆ・酒 ‥‥‥‥‥‥‥ 各大さじ1
- しょうがチューブ ‥‥‥‥‥‥‥‥‥ 3cm
- ブラックペッパー ‥‥‥‥‥‥‥‥‥ 適量

B
- しょうゆ、酢 ‥‥‥‥‥ 各大さじ1と½
- オイスターソース ‥‥‥‥‥‥ 大さじ1
- 砂糖、いりごま ‥‥‥‥‥‥ 各小さじ2
- にんにくチューブ ‥‥‥‥‥‥‥‥‥ 3cm
- 食べるラー油またはラー油 ‥‥ 小さじ1

作り方

1 鶏もも肉は余分な筋や脂を取り除く。縮むのを防ぐため、身に浅く切り込みを入れて筋切りする。

2 鶏もも肉をビニール袋に入れて**A**の調味料を加えてよく揉み込む。片栗粉大さじ3を加えて粉っぽさがなくなるまで揉む。さらに肉の両側に片栗粉大さじ1〜2ずつ加えて揉み、10分おく。

3 野菜は、水けを拭き取って皿に敷いておく。ボウルに**B**の材料を合わせてたれをつくる。

4 フライパンに底から1cm程度のサラダ油を注いで180度に熱し、**2**の皮目を下にして入れる。強めの中火で触らずに3分、上下を返して2分揚げ焼きにして取り出し、皮目を上にして網の上で5分休ませる。

5 皮を下にして切り分け、野菜を敷いた皿にのせる。たれをかける。

ビニール袋に鶏肉と調味料を入れてよく揉み込むと味がしみ込む。

調味料と粉が混ざりモロモロした部分ができるとザクザクになる。

ザクザクをキープするには皮を上にして網の上で休ませること。

油に入れたら触らない。小さいフライパンを使うと油が少なくすむ。

たれは材料を混ぜ合わせるだけでもOK。

Point

◎ 喜ばれるポイント
よだれ鶏のたれで、大きな唐揚げ
がピリ辛つまみに格上げ！

◎ がんばらないポイント
下に敷く野菜は、水菜でもレタス
でも、家にあるものでOK。

Point

◎ 喜ばれるポイント
ちくわの仕事ぶりに脱帽！ 味が
出ておいしい！

◎ がんばらないポイント
安いもやしで大勝利！ 冷蔵庫に
置いておきたくなるおつまみ。

辛うま！ ちくわとオイスターソースが味のポイント

ちくわときゅうりの辛もやしナムル

材料（2人分）

- もやし ……………………… 1袋（200g）
- きゅうり …………………………… 1本
- ちくわ ……………………………… 2本
- **A**
  - しょうゆ、酢、オイスターソース
    ……………………………… 各小さじ1
  - 砂糖 ……………………………… 小さじ½
  - にんにくチューブ ………………… 3cm
  - 豆板醤（とうばんじゃん）、すりごま ………… 各小さじ2
  - ごま油 …………………………… 大さじ1
- 糸唐辛子 ………………………… お好みで

作り方

1 もやしは耐熱ボウルに入れてふんわりラップをかけ、レンジで2分30秒加熱する。加熱後すぐに混ぜる。

2 もやしのあら熱を取っている間にきゅうりを千切りにし、ちくわは縦半分に切ってから、斜め薄切りにする。

3 もやしが触れるくらいに冷めたらギュッと水けを絞ってボウルに戻し入れ、きゅうり、ちくわ、**A**を加えてよく和え、冷蔵室で冷やす。器に盛り、糸唐辛子をのせる。

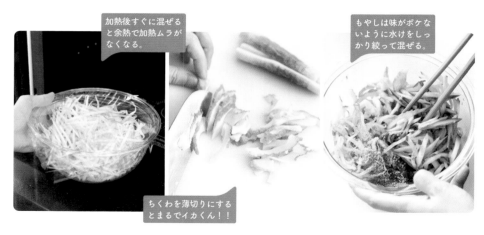

加熱後すぐに混ぜると余熱で加熱ムラがなくなる。

ちくわを薄切りにするとまるでイカくん！！

もやしは味がボケないように水けをしっかり絞って混ぜる。

Point

◎ 喜ばれるポイント
豚こま唐揚げはつまみやすい！
薬味にポン酢で無限に飲める。

◎ がんばらないポイント
薬味はペーパーを敷いた保存容器
で冷蔵庫で5日ほど保存可能。

のせすぎ!?なくらいどっさりな薬味がおいしい
薬味たっぷり豚こまのカリカリ唐揚げ

材料（2人分）

- 豚こま切れ肉 ······························ 250g
- みょうが ······································· 3本
- かいわれ大根 ························· ½パック
- 大葉 ·· 10枚
- 片栗粉 ··· 適量
- サラダ油 ······································ 適量
- A
  - しょうゆ、酒 ············· 各大さじ1と½
  - にんにくチューブ ····················· 3cm
  - ブラックペッパー ··················· たっぷり
- ポン酢、しょうがチューブ ······· 各適量

作り方

1 みょうがは小口切りに、かいわれ大根は根を切り落として長さを4等分くらいに切る。大葉は重ねて縦4等分に切ってから、さらに重ねて千切りにする。

2 1を水にさらして混ぜる。ザルで水けをしっかりきったら、キッチンペーパーで水分をやさしく拭き取る。

3 豚肉をビニール袋に入れて、Aを入れて揉み込む。

4 フライパンに、底から5mmほどの深さのサラダ油を入れて熱し、片栗粉をまぶした3を広げて1分ほど揚げ焼きにする。カリッとしたらひっくり返してさらに加熱する。揚がったらしっかりと油をきる。

5 カリカリ豚に薬味をのせ、しょうが、ポン酢を添える。

薬味ミックスはあると便利。みょうががない季節は小ねぎで。

豚こまなら、下味もすぐにしみ込む。

なるべく広げて入れるとカリカリしておつまみにぴったり！

たたむだけで
オッケー！

肉だねつくらず包みもしない
超特急ぎょうざ！

豚と大葉の
たたみぎょうざ

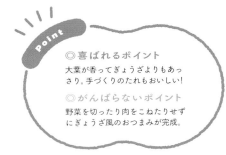

Point

◎ 喜ばれるポイント
大葉が香ってぎょうざよりもあっさり。手づくりのたれもおいしい！

◎ がんばらないポイント
野菜を切ったり肉をこねたりせずにぎょうざ風のおつまみが完成。

材料（2人分）

- ぎょうざの皮 ……………… 15枚
- 豚肉（しゃぶしゃぶ用）………… 150g
- 大葉 ……………………… 15枚
- 塩、こしょう ……………… 各少々
- ごま油 …………………… 大さじ2

A
| ポン酢 …………………… 大さじ2
| みそ ……………………… 小さじ1
| 砂糖 ……………………… 小さじ1
| にんにくチューブ …………… 3cm
| いりごま ………………… 小さじ1

作り方

1 広げたぎょうざの皮に大葉をのせ、豚肉を下半分にのせて塩、こしょうをふり、半分に折りたたむ。

2 フライパンにごま油を熱し、**1**を並べ入れてヘラで押しながらこんがりするまで焼く。

3 裏返して同様にこんがりするまで焼いたら、仕上げにごま油（分量外）をたらして火を強め、カリッと仕上げる。

4 **A**を合わせてつけだれをつくり、添える。

一気に並べて作業すると本当に早い！

ヘラで押しながら焼くと密着！ 焼き色もきれいに。

揚げぎょうざのようなパリパリの皮に！

Point

◎喜ばれるポイント
ちょこっとだけ揚げ物がほしいときに、うれしい1品!

◎がんばらないポイント
ハムカツならトースターでも十分。チーズを挟んでボリュームUP。

ちょこっとフライはトースターにおまかせ!

トースターハムカツ

材料（2人分）

- ロースハム ……………………………… 6枚
- スライスチーズ ………………………… 1枚
- パン粉 …………………………………… 適量
- **A** 小麦粉 …………………………… 大さじ3
  水 ………………………………… 大さじ2
- オリーブオイル ………………………… 適量
- ウスターソース ……………………… お好みで

作り方

1 スライスチーズは4等分に切る。ハムを3枚ずつ重ねて間にチーズを挟む。

2 **A**を混ぜたものを両面に塗ってパン粉をまぶす。

3 トースターの天板に**2**をのせてオリーブオイルをかけ、こんがりするまで焼く。上下を返して同様に焼き、切って器にのせ、ソースをかける。

チーズは溶けるのでハムより小さく切るのがポイント。

水溶き小麦粉なら衣がはがれずしっかり密着。

時間があれば、両面焼くとカツ感がさらにアップ。

たたき長いもがふわシャキ！　居酒屋の味

だし香るたこと紅しょうがのとろろ焼き

材料（2人分）

- 長いも ……………………………… 250g
- 卵 …………………………………… 1個
- たこ ………………………………… 50g
- 紅しょうが ………………………… 20g
- 青海苔 ……………………………… 小さじ1
- 白だし ……………………………… 大さじ1
- サラダ油 …………………………… 小さじ1
- 刻み海苔、マヨネーズ ……… 各お好みで

作り方

1 卵は卵黄と卵白に分ける。紅しょうがは粗く刻む。たこは小さめに切る。

2 長いもはビニール袋に入れてめん棒や空きビンなどでなるべくこまかくたたく。これに卵白、たこ、紅しょうが、青のり、白だしを加えて混ぜる。

3 直径20cmほどのフライパンにサラダ油をひいてしっかりと熱し、2を入れてフタをし、弱火で7分ほど焼く。

4 フタをあけて表面が乾いていたら火を止めてひっくり返すように皿に盛り付け、細くマヨネーズをかける。中央に刻み海苔と卵黄をのせる。

塊がのこっていてもOK！　食感になっておいしい。

たこはたくさんあっても入れすぎ注意！　固まりづらくなる。

入れた瞬間ジュッというくらいしっかり熱するときれいに焼ける。

カットするとたこがちらり！

Point

◎ 喜ばれるポイント
おうちで居酒屋の味!!　卵黄を崩し、熱々をほおばる幸せ。

◎ がんばらないポイント
長いもはすりおろさないから簡単。フライパンに入れたら放置でOK。

がぶっと
かぶりつきたい♪

揚げないのに
揚げたものと変わらぬおいしさ！

手羽中の揚げない甘辛揚げ

Point

◎ 喜ばれるポイント
ピリッと豆板醤のきいた甘辛味で、指までおいしい。

◎ がんばらないポイント
手羽中を買ったらこれ！ じかんのない日は焼肉のたれでも◎

材料（2人分）

- 手羽中 ……………………… 14本
- 片栗粉 ……………………… 大さじ3
- サラダ油 …………………… 大さじ2
- 塩、こしょう ……………… 各少々
- 酒 …………………………… 大さじ2
- **A**
  - しょうゆ、みりん ……………………… 各大さじ1と½
  - 砂糖 ……………………… 小さじ2
  - 豆板醤 …………………… 小さじ1
  - にんにくチューブ ………… 3cm
- いりごま …………………… 適量

作り方

1 **A**の調味料は合わせておく。手羽中はビニール袋に入れて酒と塩、こしょうを揉み込み、片栗粉を加えてなじませる。

2 フライパンに**1**を入れてサラダ油をまわしかけ、フタをして強めの中火で3〜4分加熱する。

3 フタをあけて上下を返し、さらに1分ほど焼く。キッチンペーパーで余分な油を拭き取り、**A**の調味料を加えて手早くからめていりごまをふる。

ビニール袋で下味も粉づけも一気に！

最小限の油で、揚げたような衣をつくる。

油を拭き取り手羽中の表面をカラリとさせ調味料をからめる。

POINT

◎ 喜ばれるポイント

具材たっぷりで重たくならず、おつまみにピッタリのポテサラ。

◎ がんばらないポイント

レンジでOK！ 具材も調味料もシンプルでつくりやすい。

リクエストされるおつまみポテサラ

海苔ザーサイポテサラ

材料（2人分）

- じゃがいも ……… 200g（皮をむいて180g）
- きゅうり ……………………………………… 1本
- ザーサイ ……………………………………… 30g
- 塩 ………………………………………… 小さじ½
- A ┌ 白だし ………………………… 小さじ1
  └ 酢 …………………………………… 小さじ½
- マヨネーズ ………………………………… 大さじ3
- 焼き海苔 ………………………………… 全形1枚
- ラー油 …………………………………………… 適量

作り方

1 じゃがいもは皮をむいて4等分に切り、耐熱ボウルに入れる。濡らして絞ったキッチンペーパーをかけ、ラップをしてレンジで3分加熱する。

2 きゅうりは輪切りにして塩をかけて3分ほどおき、水が出たらキッチンペーパーで水けをギュッと絞る。ザーサイは刻む。

3 じゃがいもが加熱できたら熱いうちにマッシャーでつぶし、Aの調味料を加えて混ぜる。きゅうり、ザーサイ、マヨネーズを加え、焼き海苔をちぎって加える。よく和えて器に盛り付け、ラー油をたらす。

しっとり仕上げるために濡れペーパーは必須！

熱いうちにつぶして調味料を混ぜる。

韓国海苔フレークを使用してもOK！

◎ 喜ばれるポイント
ビールとの相性バツグン。　粉チーズとペッパーでやみつき！

◎ がんばらないポイント
具材を並べて一気に蒸し焼き。鶏肉は手羽中を使用してもOK。

甘いかぼちゃがまさかのおつまみに…！

鶏とかぼちゃのコチュポンチーズ焼き

材料（2人分）

- 鶏もも肉 ············· 1枚（300g）
- かぼちゃ ··················· 150g
- 塩、こしょう ··············· 各少々
- ごま油 ··················· 小さじ2
- 片栗粉 ····················· 適量
- A ┌ ポン酢 ················ 大さじ2
    │ コチュジャン ·········· 大さじ1
    └ 砂糖 ·················· 小さじ1
- 粉チーズ ··················· 適量
- ブラックペッパー ············· 適量

作り方

1 フライパンにごま油をひいておく。かぼちゃは1cm幅に切る。鶏もも肉は余分な筋や脂を切り落としてひと口大に切り、塩、こしょうで下味をつけて片栗粉をまぶす。

2 鶏肉（皮目を下に）とかぼちゃをフライパンに並べ、フタをして強めの中火で3〜4分蒸す。フタをあけて上下を返して1分ほど焼き、Aの調味料を加えてからめながら焼く。

3 皿に盛り付けて粉チーズとブラックペッパーをたっぷりかける。

具材を並べていっきに加熱するとうまくいく。

皮目は下にして、こんがりするまで焼く。

かぼちゃが溶けないようにサッとからめるといい。

大葉と赤しそふりかけで香りさわやか！

Wしその
カリカリ豚こま天

材料（2人分）
- 豚こま切れ肉 ………………… 250g
- 大葉 ………………………… 10枚
- サラダ油 ……………………… 適量

A | しょうゆ、酒 ………… 各小さじ2
　| 小麦粉 ………………………… 50g
B | 水 …………………………… 70ml
　| 赤しそふりかけ ………… 小さじ1

作り方

1　ビニール袋に豚こま切れ肉を入れ、**A**を加えて揉み込み下味をつける。

2　ボウルに**B**を合わせ、**1**を加えて混ぜる。さらに大葉をちぎって混ぜ合わせる。

3　フライパンに底から1cmの深さまでサラダ油を注ぎ、180度まで温める。

4　**2**をひと口サイズになるようにつまんで油に落とし、両面2〜3分ずつ揚げ焼きにする。

何かと便利！
これ使ってます

ゆかり
しそごはん用

まんべんなく調味料がまわればOK！

衣に赤しそを混ぜてスタンバイ。混ぜすぎないことでカリカリに。

大葉は手でちぎると香りが立ちやすい。

ほぼひと口サイズになればOK。慌てず油の中に落とし入れて。

2 なんちゃって〇〇風

カキやイカなどは調理ハードルが高いけど、家にあるもので代用してみては？
おもしろくておいしくて、会話も弾みます！

Point

◎ 喜ばれるポイント
七味マヨのほか明太マヨやカレー
マヨなど味変して楽しめる！

◎ がんばらないポイント
茶色くなるまでひたすら加熱。オ
リーブオイルなら重くならない。

安いえのきで楽しいおつまみ
えのきのさきイカ風

材料（2人分）

・えのきだけ ……………………… ½袋
・オリーブオイル ………………… 大さじ3
・塩 ………………………………… 少々
・七味唐辛子、マヨネーズ、いりごま
　…………………………………… 各適量

作り方

1　えのきだけは細かくほぐす。
2　フライパンにオリーブオイルを入れて熱し、えの
　きだけを入れて揚げ焼きにする。
3　ときどき上下を返しながら揚げ焼きし、茶色く色
　づいた部分から取り出して油をきる。塩をふり、
　マヨネーズを添え、七味、いりごまをふる。

◎ 喜ばれるポイント

見た目はカキ！ 味は舞茸だけど、
俺はこれでいい！（らしい笑）

◎ がんばらないポイント

舞茸なら安くて下処理いらず！
そして、ちゃんとおいしい！

青のりとオイスターソースでちゃんとカキ風味

舞茸のカキフライ風

材料（2人分）

- 舞茸 ………………………… 1パック（100g）
- 卵 ……………………………………… 1個
- 小麦粉 …………………………… 大さじ4
- パン粉 …………………………………… 適量
- A
  - 牛乳 …………………………… 大さじ1
  - 青のり …………………………… 小さじ1
  - オイスターソース …………… 小さじ2
- からし、中濃ソース、キャベツの千切り
  ……………………………………… 各お好みで
- サラダ油 ………………………………… 適量

作り方

1 舞茸は細めにほぐす。ボウルに卵を割り入れて溶き、**A**を加えて混ぜ合わせる。そこに小麦粉を加えて菜ばしでぐるぐると混ぜる。

2 舞茸をすべて入れ混ぜ、カキの形になるように2〜3本ずつ束ねてパン粉をまんべんなくつけ10分ほどおく。

3 フライパンに底から1cmほどの深さまで油を注ぎ180度に熱する。**2**を入れて2分、裏返して1分ほど揚げ焼きにする。器に盛り付け、からしと中濃ソース、キャベツの千切りを添える。

カキフライのサイズをイメージして。

少しおくことでよりパン粉がはがれにくく。

はじめの2分は触らずに！

つくってるそばからどんどんなくなる

ちくわのイカリングフライ風

材料（2人分）

- ちくわ ……………………………… 4本
- パスタ ……………………………… 2本
- パン粉 …………………………… 適量
- 中濃ソース ……………………… 適量
- **A** 小麦粉 …………………… 大さじ5
    水 ……………………… 大さじ4と½
    青海苔 ………………… 小さじ1
- サラダ油 ………………………… 適量
- レモン ………………………… お好みで

作り方

1 ちくわは縦4等分に切る。パスタは1.5cm幅に折っておく。**A**は合わせておく。

2 ちくわを丸めてリング状にし、パスタで留める。これを**A**にくぐらせてパン粉をまぶし、10分ほどおく。

3 フライパンに底から1cmの深さまでサラダ油を注いで180度に熱し、**2**を入れて強めの中火でこんがりするまで両面揚げ焼きにする。盛り付けてソース、レモンを添える。

少し大きめのちくわを使うとよりイカリング風に。

ちくわの内側が外になるよう丸めて。

青海苔プラスで磯の香りアップ。

Point

◎ 喜ばれるポイント
サクサクでつまみやすく、スナック感覚で楽しい！

◎ がんばらないポイント
安いちくわで見栄え満点◎　大きめのちくわならよりイカらしく。

お酒がすすむ！

韓国屋台風。自分が食べたくて
つくっている…かも（笑）

餅の肉巻き
トッポギ風

材料（2人分）

- ・切り餅 ……………………………… 2個
- ・豚バラ薄切り肉 …………………… 3枚
- ・片栗粉 …………………………… 適量
- ・ピザ用チーズ …………………… 適量
- **A** コチュジャン ………………… 大さじ1
  しょうゆ、砂糖 ………………… 各小さじ1
  酒、水 …………………………… 各大さじ1
- 小ねぎ、ブラックペッパー ………… 各お好みで

作り方

1 切り餅は縦に3等分に切る。豚バラ肉は半分の長さに切る。
2 切り餅に豚バラ肉を巻きつけて片栗粉をまぶす。
3 肉の巻き終わりを下にしてフライパンに並べ、火をつけて各面こんがりと焼く。
4 **A**の調味料を加え、照りが出るまで加熱してピザ用チーズをひとつかみのせる。フタをしてチーズが溶けたら盛り付け、小口切りにした小ねぎとブラックペッパーをふる。

カリッじゅわ〜！　オイルがしみた
パンの耳は想像以上のおいしさ

パン耳の
グリッシーニ風

材料（2人分）

- ・食パンの耳（8枚切り）…………… 2枚分（8本）
- ・生ハム …………………………… 8枚
- ・塩 ………………………………… 少々
- ・ブラックペッパー ………………… 少々
- ・オリーブオイル …………………… 適量
- ・粉チーズ、パセリ ………………… 各適量

作り方

1 トースターの天板にパンの耳を並べ、オリーブオイルをかけて塩とブラックペッパーをふる。
2 トースターで4分ほど焼き、生ハムを巻く。粉チーズとパセリをかける。

お酒がすすむ！
3 冷ややっこさえあれば！

晩酌を楽しむ夫婦じかんに欠かせない、ビールに合う我が家のおつまみをご紹介。
つくってるそばから飲みたくなること間違いなし。

豆腐×生ハム×オリーブオイルは我が家の鉄板！

刻み生ハムときゅうりの
サラダマリネやっこ

材料（2人分）

- 絹ごし豆腐 ……………… 2パック（150g）
- きゅうり …………………………… 1本
- 生ハム ……………………………… 50g
- 塩 ……………………………… 小さじ½
- 粉チーズ ………………………… 適量

A
| オリーブオイル ………… 大さじ2
| レモン汁 ………………… 小さじ2
| しょうゆ ………………… 小さじ½
| にんにくチューブ ……… 1cm

作り方

1　きゅうりはスライサーでスライスして塩をなじませ3分おく。
2　生ハムは食べやすい大きさに刻んでボウルに入れ、水けを絞った**1**を加える。
3　**A**の調味料を加えて混ぜ、豆腐にのせる。粉チーズをたっぷりかけて完成。

豆腐にのせるものがなくて悩んだら、これ！

おかかねぎ
塩昆布の
うまみじょうゆやっこ

材料（2人分）

- 絹ごし豆腐 ……………… 2パック（150g）
- 長ねぎ ……………………………… ½本
- かつおぶし ……………………… 1パック
- 塩昆布 …………………………… 小さじ1

A
| しょうゆ ………………… 大さじ1
| ごま油 …………………… 小さじ1
- いりごま ………………………… お好みで

作り方

1　長ねぎを小口切りにして耐熱容器に入れ、かつおぶしと塩昆布、**A**の調味料を加えて混ぜる。
2　レンジで20秒加熱して混ぜ、豆腐にのせる。お好みでいりごまをふる。

キムチ×焼肉のたれでパンチがきいてる

キムチと温玉の甘だれやっこ

材料（2人分）

・絹ごし豆腐
　　……… 2パック（150g）
・白菜キムチ
　　……………… 適量
・卵 ……………… 2個
・焼肉のたれ ····· 大さじ2

作り方

1　豆腐を皿に盛り付けてキムチをのせる。
2　小さめの耐熱容器に卵を1つ割り入れてつまようじで黄身に穴をあけ、水大さじ2（分量外）を注ぐ。レンジで40秒加熱して温泉玉子をつくる。
3　焼肉のたれをかけ、温泉玉子をのせる。

実は相性抜群！　クセになるおつまみやっこ

塩辛と柚子ごしょうのオリーブオイルやっこ

材料（2人分）

・絹ごし豆腐 ………… 2パック（150g）
・いかの塩辛 ………………… 20g
・柚子ごしょう ……………… 少々
・オリーブオイル …………… 小さじ2

作り方

1　豆腐を皿に盛りつけて、いかの塩辛をのせる。
2　柚子ごしょうを添え、オリーブオイルをまわしかける。

カリカリじゃこが食感のアクセント

カリカリじゃこラー油やっこ

材料（2人分）

・絹ごし豆腐 ……………… 2パック（150g）
・しらす …………………………… 40g
・食べるラー油 ………………… 小さじ2
・小ねぎ、しょうゆ …………… 各適量

作り方

1　耐熱皿にしらすを広げてキッチンペーパーをかぶせ、レンジで3分加熱する。すぐにペーパーを外してあら熱を取り、カリカリになったら手でほぐす。
2　しらすに食べるラー油としょうゆを混ぜて豆腐にのせ、小口切りにした小ねぎを散らす。

お酒がすすむ！

4

酢じょうゆ味玉さえあれば！

わが家のおつまみの定番。2日目以降にはねっとりして、チーズのような食感に。
保存は冷蔵で4〜5日可能。つくり方はP108も参照を！

ラーメンやポテサラのトッピングにも

酢じょうゆ味玉

材料（2人分）

・卵	6個
A 酢、しょうゆ	各大さじ2
砂糖	小さじ1

作り方

1 卵は常温に戻す。ビニール袋に **A** を合わせる。
2 鍋に湯を沸かし、お玉に卵をのせてそっと湯に入れて7分ゆでる。※最初の3分は転がしながらゆでると黄身が真ん中になる。
3 ボウルに冷水を用意し、**2** を入れる、あら熱が取れたら殻をむいて **1** のビニール袋に入れ、ときどき上下を返しながらひと晩漬ける。

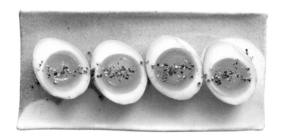

好みでごま油やラー油をかけて

シンプル
ブラックペッパー

材料（2人分）

・酢じょうゆ味玉	2個
・ブラックペッパー	適量

作り方

1 酢じょうゆ味玉を縦半分にカットして皿に並べる。
2 ブラックペッパーをかける。※味玉の漬かりが浅い場合は、漬け汁を黄身にかけるとよい。

わさびがツン！
少しずつ食べるのがたまらない

おかかわさび

材料（2人分）

・酢じょうゆ味玉	2個
・わさび	小さじ1
・かつおぶし	適量

作り方

1 酢じょうゆ味玉は縦2等分にカットする。
2 わさびとかつおぶしを合わせて練り混ぜ、**1** にのせる。

食感と香りがおいしい

大葉たくあん

材料（2人分）

・酢じょうゆ味玉 ……………………… 1個
・大葉 ……………………………………… 2枚
・たくあん ………………………………… 適量

作り方

1 酢じょうゆ味玉は縦4等分にカットする。大葉は斜め2等分に切る。たくあんは薄くスライスする。

2 大葉、たくあん、味玉の順にのせ、4個並べて盛りつける。

まったり濃厚…♡

たらマヨ

材料（2人分）

・酢じょうゆ味玉 ……………………… 2個
・かいわれ大根、たらこ、マヨネーズ
……………………………………… 各適量

作り方

1 酢じょうゆ味玉を縦半分にカットして皿に並べる。

2 かいわれは1cm程度に切る。たらこは皮から取り出しておく。

3 酢じょうゆ味玉の上にかいわれ、たらこ、マヨネーズをのせる。

ねっとり味玉がピータンがわり！

ピータン豆腐風

材料（2人分）

・酢じょうゆ味玉 ……………………… 2個
・絹ごし豆腐 ………………… 2パック（150g）
・長ねぎ …………………………………… 10cm
A┌オイスターソース、しょうゆ、ごま油
　│………………………………… 各小さじ2
　└酢、ラー油 …………………… 各小さじ1
・パクチー ……………………………… お好みで

作り方

1 長ねぎはみじん切りにしてボウルに入れ、**A**の調味料を合わせておく。

2 絹ごし豆腐はキッチンペーパーの上に取り出してさいの目にカットし、皿に盛る。

3 酢じょうゆ味玉を縦4等分に切り、さらに斜め半分に切って**2**にのせ、**1**をかける。お好みでパクチーをのせる。

きゅうりさえあれば！

きゅうりさえあれば、サラダや漬け物がわりに。
さっぱり味でガッツリおかずもすすむ！　切り方はP110も参照を。

凸凹の断面に、
味がよくからんでおいしい

かち割りきゅうりの
ピリ辛にんにく

材料（2人分）

・きゅうり	…………………………	1本
A	豆板醤、ごま油 …………	各小さじ1
	鶏ガラスープの素 …………	小さじ½
	塩 …………………………	少々
	にんにくチューブ …………	2cm

作り方

1　きゅうりは食べやすい長さに切って包丁の背で
　　つぶし、手で縦に裂く。
2　ボウルに**A**の調味料を合わせて食べる直前に
　　1を和える。

オリーブオイルで
風味アップ

乱切りきゅうりの
梅塩こうじ和え

材料（2人分）

・きゅうり	…………………………	1本
・梅干し	…………………………	1個
A	塩こうじ …………………	小さじ1
	オリーブオイル …………	小さじ½
・かいわれ大根	…………………	お好みで

作り方

1　梅干しはたたいてボウルに入れ、**A**と合わせて
　　おく。
2　きゅうりはしま模様に皮をむいて乱切りにして
　　食べる直前に**1**のボウルに入れ、和える。
3　盛り付けてかいわれをのせる。

スティックきゅうりの
うまだれディップ

ディップは
にんじんやセロリにも！

材料（2人分）

・きゅうり	…………………………	1本
A	マヨネーズ ………………	大さじ2
	みそ ………………………	小さじ2
	焼肉のたれ ………………	小さじ1

作り方

1　きゅうりは長さを3等分し、それぞれ縦4等分
　　に切る。
2　**A**の調味料を混ぜ合わせてきゅうりに添える。

きゅうりの1本漬け

材料（2人分）

- きゅうり ·· 2本
- A
  - めんつゆ（3倍濃縮） ························· 60㎖
  - 酢 ··· 大さじ2
  - にんにくチューブ ····························· 2cm
  - 輪切り唐辛子 ····························· ひとつまみ

作り方

1 きゅうりは両端のヘタを落としてビニール袋に入れ、めん棒やビンなどでたたいて亀裂を入れておく。
2 Aの調味料を加えて手で押すように優しく揉み込み、冷蔵庫で30分漬ける。

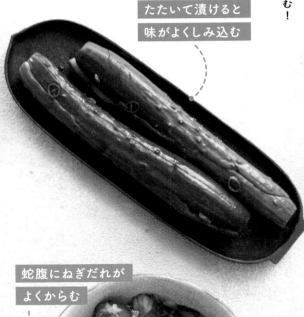

たたいて漬けると味がよくしみ込む

蛇腹きゅうりの中華マリネ

材料（2人分）

- きゅうり ·· 2本
- 長ねぎ ·· 10cm
- A
  - 水 ··· 200㎖
  - 塩 ··· 小さじ1
- B
  - しょうゆ、酢、ごま油 ············· 各大さじ1
  - 砂糖 ·· 小さじ2
  - にんにくチューブ ····························· 2cm
  - 輪切り唐辛子 ····························· ひとつまみ
  - 鶏ガラスープの素 ····················· 小さじ½

作り方

1 きゅうりは両面斜めに細く切り込みを入れて蛇腹状にし、ひと口サイズに切る。これをビニール袋に入れ、Aも加えて10分おく。
2 長ねぎはみじん切りにしてBと合わせておく。ぎゅっと水けをきった1を加えて和えて冷蔵庫で冷やす。

蛇腹にねぎだれがよくからむ

ぶつ切りきゅうりのオイキムチ風

材料（2人分）

- きゅうり ·· 2本
- 白菜キムチ ·· 50g
- いりごま ·· 適量
- 酢 ··· 小さじ1
- A｜鶏ガラスープの素、塩 ········· 各小さじ½

作り方

1 きゅうりはピーラーでしま模様に皮をむき、4cm幅に切って縦に切り込みを入れる。
2 ビニール袋に1とAを加えて振り、30分おく。
3 酢を加えてなじませて取り出し、皿に並べて切り込みに白菜キムチをはさみ、いりごまをふる。

ぎょうざや焼肉の副菜にも！

お酒がすすむ！
6 おうち居酒屋メニューバリエ

簡単なのにどれもお酒がすすんで喜ばれる、おつまみバリエです。
お酒の飲みすぎ、飲ませすぎには注意!!（笑）

Point

◎ 喜ばれるポイント
じゃがバターにベーコン、たっぷりペッパーでビールに合う。

◎ がんばらないポイント
味付け2つでびっくりおいしい。いんげんはアスパラやオクラでも。

焼肉のたれ×バターの罪な味
厚切りベーコンの
バター焼き肉じゃが

材料（2人分）

・厚切りベーコン	………………………	100g
・じゃがいも	………………………	中2個
・いんげん	………………………	5本
・オリーブオイル	………………………	小さじ2
A 焼肉のたれ	………………………	大さじ1と½
バター	………………………	10g
・ブラックペッパー	………………………	お好みで

作り方

1 いんげんは筋を取って長さを半分に切る。厚切りベーコンは5mm幅に切る。じゃがいもは皮付きのまま7mm幅の半月切りにする。

2 フライパンにオリーブオイルとじゃがいもを加えてフタをし、火にかけて3～4分蒸す。フタをあけてベーコンを加え、焼きつけながら炒める。

3 こんがりと焼き色がついたらいんげんを加えて炒め、油がまわったら**A**を加える。照りが出るまでからめて盛り付け、ブラックペッパーをふる。

冷たいフライパンから蒸してじっくりと火を通す。

こんがりとおいしそうな焼き色をつけてからいんげん投入。

バターは最後に入れて香りよく。

いっしょに食べるとベストバランス！

ニラのナムルと
まぐろユッケ

材料（2人分）

〈ニラナムル〉

・ニラ ……………………………………………… 1束

A
| 鶏ガラスープの素、酢 ………… 各小さじ½
| 塩 ……………………………………… ひとつまみ
| ごま油 ………………………………… 小さじ2
| にんにくチューブ ……………………… 2cm
| いりごま ……………………………… 小さじ1

〈まぐろユッケ〉

・刺身用まぐろ …………………………………… 100g
・卵黄 …………………………………………… 1個分

B
| しょうゆ、みりん、コチュジャン …… 各小さじ1
| ごま油 ………………………………… 小さじ2

作り方

1 フライパンに湯を沸かし、塩ひとつまみ（分量外）を加える。ニラを入れて1分ほどゆで、冷水に取って水けを絞る。

2 **1**をひと口大に切ってからさらに1束ずつ絞ってボウルに入れ、**A**の調味料を加えて和え、皿に盛る。

3 まぐろは細切りにして同じボウルに入れ、**B**の調味料を加えて和える。**2**のニラにのせるように盛り付け、中央に卵黄をのせる。

味見のつもりがほとんどなくなる（笑）

もやしとニラの
キムチチヂミ

材料（2人分）

・もやし ……………………………… 1袋（200g）
・ニラ ………………………………………… 5本
・白菜キムチ（細かい部分） ………………… 100g
・小麦粉 …………………………………… 大さじ6
・片栗粉 …………………………………… 大さじ3
・鶏ガラスープの素 ……………………… 大さじ½
・水 ………………………………………… 大さじ2
・ごま油 …………………………………… 小さじ2

作り方

1 もやしは袋の上から両手で揉んでポキポキと折る。ニラは4cm幅に切る。

2 ボウルにもやし、ニラ、小麦粉、片栗粉、鶏ガラスープの素を入れて混ぜ、水とキムチを入れてさらに混ぜる。

3 フライパンにごま油をひいて強めの中火で熱し、**2**を入れて手早く広げ、ヘラで押さえながら3分ほど焼く。

4 上下を返してさらに2分ほど焼き、チヂミのまわりがカリカリになるように細くごま油（分量外）を一周垂らして火を強め、1分ほど焼く。切り分けて盛りつける。※少し冷ますと切りやすい。

Point

◎ 喜ばれるポイント
パンチのあるおかずのなかで引き立つほっこり味。

◎ がんばらないポイント
卵焼き器で完結！ 三つ葉のかわりに小ねぎや大葉にしても。

だしのきいたやさしいおつまみ

だし巻き卵のたらこあん

材料（2人分）

- 卵 ………………………………… 3個
- たらこ …………………………… 50g
- 酒 ……………………………… 大さじ1
- サラダ油 ………………………… 適量

A ┌ 白だし ……………………… 大さじ1
　　└ 水 ………………………… 大さじ3

B ┌ 和風だしの素 …………… 小さじ½
　　│ しょうゆ …………………… 少々
　　└ 水 ………………………… 150㎖

- 水溶き片栗粉
　　………… 片栗粉 小さじ2：水 大さじ1
- 三つ葉 …………………………… お好みで

作り方

1　ボウルに卵を割りほぐし、**A** の調味料を加えてよく混ぜる。たらこは皮を取り除いて酒をふる。

2　卵焼き器にサラダ油をひいてキッチンペーパーで広げ、**1** の卵液を入れて巻く。これを繰り返してだし巻き卵をつくり、取り出す。

3　同じ卵焼き器に **B** を入れて混ぜながら煮立たせる。**1** のたらこを加えてひと煮立ちさせ、水溶き片栗粉を加えてとろみをつける。だし巻き卵にかけて三つ葉を散らす。

酒で溶いておくと臭み消し&ダマにならない。

3〜4回繰り返して巻いていく。

煮詰まりやすく味が濃くなりやすいので注意！

オリーブオイルで焼く
ヘルシー春巻き

たたき長いもと
明太子のしそ春巻き

材料（2人分）

・長いも ………………………………… 正味170g
・明太子 …………………………………… 60g
・大葉 ……………………………………… 6枚
・春巻きの皮 ……………………………… 6枚
・オリーブオイル ……………………… 大さじ2

作り方

1 長いもは皮をむいてビニール袋に入れ、めん棒やビンなどで食感を残すようにたたく。

2 春巻きの皮のつるつるした面を下にして置き、手前から長いも、明太子、大葉をのせて巻く。これを同様に6個つくり、とじ目を下にして5分おいておく。※のりづけ不要。

3 フライパンにオリーブオイルをひいて熱し、春巻きをとじ目を下にして入れ、2分ほど焼く。上下を返し、弱中火にして同様に2分ほど焼く。

噛むたび口の中に
溢れ出るうまみ…！

ベビーホタテの
オイル漬け

材料（2人分）

・ベビーホタテ …………………………… 250g
・赤唐辛子 ………………………………… 1本
・にんにく ………………………………… 2片
・オリーブオイル ………………………… 適量
A ┌ オイスターソース、しょうゆ
　　│ …………………………………… 各小さじ1
　　└ 酒 ………………………………… 大さじ1

作り方

1 にんにくは包丁でつぶし、手で割る。唐辛子は種を取り除く。ベビーホタテはフライパンに入れ水分が出てこなくなるまで乾いりする。

2 ほんのり焼き色がついたら**A**の調味料を加えてからめ、火を止める。

3 保存容器に**2**とにんにくを交互に入れて唐辛子を入れ、ひたひたになるまでオリーブオイルを注ぐ。冷蔵庫で1晩寝かせる。

熱々ごま油で
香味野菜の風味が引き立つ

サーモンの
熱々ごま油がけ

材料（2人分）

- ・刺身用サーモンさく ……………………… 100g
- ・三つ葉 ……………………………… 1袋（4株）
- ・小ねぎ ……………………………………… 5本
- ・ごま油 ……………………………………… 大さじ2
- **A** めんつゆ（3倍濃縮）………………… 大さじ1
  柚子ごしょう …………………………… 小さじ½
  ブラックペッパー ……………………… たっぷり

作り方

1 三つ葉と小ねぎは3cm幅に切る。サーモンは
  薄くそぎ切りにする。

2 ボウルに**A**の調味料を合わせ、サーモンを加
  えて混ぜたら器に盛りつけ、三つ葉と小ねぎ
  をのせる。

3 小さめのフライパンでごま油を煙が出てくる
  くらいまでよく熱し、**2**にまわしかける。

Point

◎ 喜ばれるポイント
目の前で出来上がる感動。普通の
刺身とはひと味違うおいしさ。

◎ がんばらないポイント
熱々ごま油をかけると余りがちな
三つ葉も野菜として食べられる。

ごま油でしんなりす
るので大きめでOK。

ここでしっかり味を
つけておく。

ジュッと音がするく
らいがベスト。

ラー油をかけてもおいしい

トマトのねぎザーサイ和え

材料（2人分）
- トマト …… 大1個または小2個
- ザーサイ …… 30g
- 長ねぎ …… 10cm
- A 鶏ガラスープの素 …… 小さじ½
- ごま油 …… 小さじ2
- ブラックペッパー …… お好み量

作り方
1 ザーサイ、長ねぎはみじん切りにしてボウルに入れ、Aの調味料と合わせておく。
2 ひと口大に切ったトマトを加えて和えたら盛りつけ、ブラックペッパーをふる。

サッと炒めてコクのある味わい

えびとたけのこのオイスターバター

材料（2人分）
- むきえび（またはカラ付きえび） …… 150g
- たけのこ（水煮） …… 120g
- ブロッコリー …… 100g
- ごま油 …… 小さじ1
- バター …… 10g
- A オイスターソース …… 大さじ1
- しょうゆ、酒 …… 各小さじ1
- ブラックペッパー …… 少々

作り方
1 ブロッコリーは小さめの小房に分ける。たけのこはくし切りにする。むきえびは塩小さじ½（分量外）と片栗粉小さじ2（分量外）をかけて揉み込み、よくすいで臭み抜きする。
2 フライパンにごま油をひいて熱し、ブロッコリーを入れてフタをし、ときどき混ぜながら2分ほど炒める。
3 むきえびとたけのこを加えてさらに2分ほど炒める。
4 Aの調味料を加えて炒め、全体にからんだらバターを加えて火を止めて混ぜ、ブラックペッパーをふる。

揚げたてのサクサクをほおばって♪

コーン海苔天

材料（2人分）

- コーン缶 ……………………… 1缶（200g）
- 焼き海苔 ……………………… 全形1枚
- 小麦粉 ………………………… 大さじ3
- コーン缶の汁 ………………… 大さじ1
- サラダ油 ……………………… 適量
- しょうゆ ……………………… お好みで

作り方

1 コーン缶はザルにあげて汁けをきる。焼き海苔は8等分にカットする。

2 コーンをボウルに入れて小麦粉を加えて混ぜる。

3 コーン缶の汁を加えてさっくり混ぜたら海苔の上に均等にのせる。

4 フライパンに底から1cmの深さまでサラダ油を注いで170度に熱し、**3**を入れて2分触らずに揚げる。上下を返して1分〜1分半同様に加熱して取り出し、油をきる。しょうゆをほんの少し垂らして食べる。

練らずにさっくり混ぜると、サクッと揚がる。

薄く広げるようにのせると、少ない油で火が通る。

高温になりすぎると油がはねるので注意。

Point

◎ 喜ばれるポイント
サクッと香ばしくてビールにぴったり。カレー塩もおすすめ！

◎ がんばらないポイント
薄い衣でも、海苔につければバラけない。

塗って焼いて、焼きとり気分♪

ささみの
トースター焼き

材料（2人分）

- 鶏ささみ ································· 3本
- 塩、こしょう ····························· 各少々

〈大葉みそマヨ〉
- 大葉 ··································· 2枚
- みそ、マヨネーズ ···················· 各適量

〈キムチマヨ〉
- 白菜キムチ、マヨネーズ ·············· 各適量

〈磯辺わさびマヨ〉
- 焼き海苔、かいわれ大根、わさびチューブ、
  しょうゆ、マヨネーズ ················ 各適量

作り方

1 ささみは筋を取り、斜め2等分に切ってトースターの天板に並べ、表面に塩、こしょうをふる。
2 大葉をのせ、みそとマヨネーズを1:1で合わせたものを塗る。
3 キムチをのせ、マヨネーズをかける。
4 しょうゆにくぐらせた焼き海苔をのせ、わさびとマヨネーズを1：4で合わせたものを塗る。
5 2〜4をトースターで6分焼き、4にかいわれをのせる。

豚バラなら串刺しカンタン！

ひらひら豚バラの
串焼き

材料（2人分）

- 豚バラ薄切り肉 ························ 6枚
- 長ねぎ ································· 1本
- 大葉 ··································· 5枚
- 塩、こしょう ···························· 各適量
- 柚子ごしょう、梅肉 ··············· 各お好みで

作り方

1 豚バラ肉は長さを3等分に切る。長ねぎは2〜3cm幅に切る。大葉は縦半分に切る。
2 豚バラ肉、長ねぎを交互に串に刺す。これを3本つくる。
3 豚バラ肉の上に大葉をのせたものを3枚ずつ串に刺す。これを3本つくる。
4 フライパンに2と3を入れて強めに塩、こしょうし、火をつけて強めの中火で焼く。こんがりしたら上下を返し、同様に塩、こしょうをふって焼く。柚子ごしょうや梅肉を添える。

Point

◎ 喜ばれるポイント
サラッと食べられてこってりメニューの口直しにピッタリ。

◎ がんばらないポイント
なすだけで見栄え◎ 単純メニューこそ上品な盛りつけを意識して。

さっぱり! なすおかずの新定番

なすのそうめん風

材料（2人分）

- なす ……………………………… 2本
- A
  - 白だし ………………………… 大さじ2
  - 水 ……………………………… 150ml
  - しょうゆ、みりん ………… 各小さじ½
- おろししょうが、小ねぎ …… 各お好みで

作り方

1 なすは皮をむいて1本ずつラップに包み、レンジで3〜4分加熱してラップを外し、水につけてあら熱を取る。**A**は合わせて冷やしておく。

2 なすが触れるくらいまで冷めたら手で縦に細く裂き、**A**を注ぎ入れる。おろししょうがや小口切りにした小ねぎを添える。

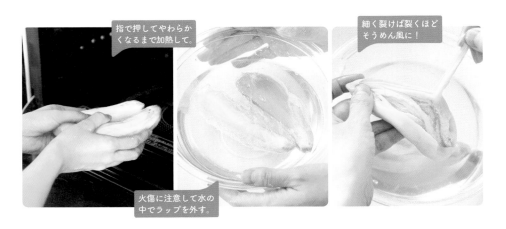

指で押してやわらかくなるまで加熱して。

火傷に注意して水の中でラップを外す。

細く裂けば裂くほどそうめん風に!

冷蔵庫にあるものだけでできる
おつまみナムル

手裂きメンマと
わかめのねぎナムル

材料（2人分）

- 長ねぎ ··· 1本
- メンマ ··· 40g
- 乾燥わかめ ··· 5g

A
- 鶏ガラスープの素 ···················· 小さじ½
- しょうゆ、酢 ····················· 各小さじ½
- にんにくチューブ ························· 1cm
- ごま油 ······································ 小さじ2
- いりごま ··································· 小さじ1

作り方

1 乾燥わかめは水につけて戻す。長ねぎは青い部分まですべて斜め薄切りにして耐熱ボウルに入れ、レンジで1分加熱する。

2 1に、水けをきったわかめと手で裂いたメンマ、Aを加えて和え、冷蔵庫で冷やす。

マヨでしっとり！
スティック状が食べやすい

ささみの大葉明太マヨがらめ

材料（2人分）

- 鶏ささみ ··· 5本
- 大葉 ·· 5枚
- 片栗粉 ··· 大さじ2
- オリーブオイル ···························· 小さじ2

A
- 酒 ·· 大さじ1
- 塩、こしょう ···························· 各少々

B
- 明太子 ·· 40g
- マヨネーズ ······················· 大さじ1
- しょうゆ ······················· 小さじ½
- いりごま ··· 適量

作り方

1 フライパンにオリーブオイルを塗っておく。大葉は千切りにする。明太子は皮を取り除く。ささみは筋を取って縦半分に切り、Aをふってなじませ、片栗粉をまぶす。

2 ささみをフライパンに並べてから火をつけて、2分ほど焼く。うっすらと焼き色がついたら上下を返し、さらに1分焼いて火を止める。フライパンの端にBを入れて混ぜてから全体にからめる。

3 大葉を加えてからめる。盛りつけていりごまをふる。

一皿で満足丼&麺

週に1～2回は丼や麺メニューを採用してひと休み！
ウマい！と言われたら、なんてラッキーなんでしょう(笑)。

◎ 喜ばれるポイント
お腹すいてるときにこれ出てくる
とテンションMAX！だそう(笑)。

◎ がんばらないポイント
冷凍ごはんがごちそうに！ 私は
よく卵スープをつけてます♪

どっさり加えた小ねぎがポイント！

焦がししょうゆの
ガーリックバター
チキンライス

材料(2人分)

- 鶏もも肉… 1枚(300g)
- 塩、こしょう
　　　………… 各適量
- オリーブオイル
　　　………… 大さじ1
- ごはん ………… 350g
- 小ねぎ ………… 10本
- にんにく ………… 1片

A
| しょうゆ
　…… 大さじ1と½
| みりん ……… 小さじ1

B
| バター ………… 10g
| コンソメ … 小さじ1
| にんにくチューブ
　………… 4cm

作り方

1　にんにくはスライスする。小ねぎは小口切りにする。鶏もも肉は小さめのひと口大に切って塩、こしょうをふる。

2　フライパンににんにくとオリーブオイルを入れ、弱めの中火にかける。しゅわしゅわしてきたら弱火にし、きつね色になるまで加熱して取り出し、にんにくチップをつくる。

3　同じフライパンに鶏もも肉を入れて皮目を下にして焼く。こんがりしたら転がして炒め、A を加えてからめる。

4　しょうゆの香ばしい香りがたったら B を加えて混ぜる。ここにごはんを加え、ヘラでほぐしながら炒める。

5　仕上げに小ねぎをどっさり加えてサッと炒め、盛り付けてにんにくチップをのせる。

にんにくチップはたっぷり！ 焦げやすいので注意。

肉に先に下味をつけておくと味がムラなく混ざりやすい。

ごはんはヘラでほぐしながら具と混ぜる。

Point

◎ 喜ばれるポイント

刺身だと足りないと思う量でも、
漬け丼にすると大満足！

◎ がんばらないポイント

丼にすれば1品で見栄え！ 割引
で買った刺身パックが大変身。

お刺身がまるで宝石！ 海苔で巻いて食べるのも◎

刺身の切り落とし漬け丼

材料（2人分）

・まぐろ、ぶり、鯛などの刺身 ……… 150g
・酢飯またはごはん ……………… 丼2杯分
・小ねぎ ………………………………… 2本
・大葉 …………………………………… 5枚
A｜しょうゆ、みりん …… 各大さじ1と½
B｜すりごま …………… 大さじ1と½
　｜しょうがチューブ ………………… 2cm
卵黄 …………………………………… お好みで

作り方

1 大葉は千切りにする。小ねぎは小口切りにする。

2 耐熱容器に A を合わせレンジで40秒加熱して冷ます。刺身を小さくカットして入れ、1 と B を加えて混ぜる。これを冷蔵庫で10分漬ける。

3 丼にごはんを盛りつけて 2 をのせる。中央に卵黄をのせる。

アルコールを飛ばすための加熱。気にならなければそのままでも！

数種類の切り身を混ぜるときは小さめにカットするのがおすすめ。

漬けすぎると味が濃くなるので注意。

Point

◎ 喜ばれるポイント
間違いなくごはんがすすむ！　添えたキムチが名脇役。

◎ がんばらないポイント
フライパンひとつで野菜もとれるお助けメニュー！

大好きなプルコギ味をひき肉で手軽に

豚プルコギそぼろ丼

材料（2人分）

- 豚ひき肉 …………………… 150g
- ごはん ………………… 丼2杯分
- 卵 ………………………………… 2個
- 玉ねぎ ……………………… ¼個
- にんじん …………………… 小¼本
- ピーマン …………………… 1個
- ごま油 ……………………… 小さじ2
- 白菜キムチ………………… 適量

A
- しょうゆ、みりん……各大さじ1
- コチュジャン、オイスターソース ………………………… 各小さじ2
- 片栗粉 …………………… 小さじ½
- にんにくチューブ ………… 2cm

作り方

1 玉ねぎは繊維を断つ方向に薄切りにする。にんじんは千切り、ピーマンは細切りにする。Aは合わせておく。

2 フライパンにごま油をひいて熱し、玉ねぎとにんじんを炒める。玉ねぎが透き通ってきたら豚ひき肉を加えて炒め合わせる。

3 豚ひき肉の色が変わったらピーマンを入れてさっと炒め一度火を止めてAの調味料を加え、水分がなくなるまで炒める。

4 卵は1個ずつ小さめの耐熱容器に入れて水大さじ2（分量外）をかけ、黄身につまようじなどで穴をあける。ラップをかけずにレンジで40秒加熱し、すぐに水を捨てて温泉玉子をつくる。

5 ごはんを盛りつけて**3**をのせ、白菜キムチと温泉卵をのせる。

玉ねぎは繊維を断つと火の通りが早い。

調味料は片栗粉入り！　よく混ぜてから投入して。

丼にのせるなら、レンチン温玉でも十分。

大葉がポイント！　泣いて喜ぶなすみそ

豚バラ肉の
大葉なすみそ丼

材料（2人分）

- なす ･････････････････････････････････ 2本
- 豚バラ肉 ･････････････････････････････ 200g
- ごはん ･･･････････････････････････････ 丼2杯分
- ごま油 ･･･････････････････････････････ 小さじ2
- 塩、こしょう ･････････････････････････ 各少々
- 大葉 ･････････････････････････････････ 3枚

A
- みそ、みりん ･･･････････････････ 各大さじ1と½
- しょうゆ、オイスターソース ･･････ 各小さじ1
- にんにくチューブ ･･･････････････････ 4〜5cm
- いりごま ･････････････････････････････ お好みで

作り方

1 なすはヘタを取ってしま模様に皮をむき、食べやすい大きさの乱切りにする。これをビニール袋やボウルに入れてごま油を加えて混ぜ、表面をコーティングする。

2 豚バラ肉はフライパンに入れてキッチンバサミで5cmくらいの長さにカットし、表面に塩、こしょうをふって下味をつける。

3 フライパンを火にかけて2を炒め、肉の色が変わってきたら1のなすを加える。

4 ざっと混ぜたらなすの皮目を下にして並べ（なんとなくでOK）、フタをして3分くらい加熱する。この間にAを合わせる。

5 フタをあけてザッと混ぜ、豚バラ肉から出た脂をキッチンペーパーで軽く拭き取る。Aの調味料を加えて汁けがなくなるまで炒める。丼に盛ったごはんの上にのせ、大葉をちぎって散らし、いりごまをふる。

混ぜるだけなのになぜか人気メニュー

サバ缶キムチの
ユッケ風丼

材料（2人分）

- サバ缶 ･･･････････････････････････････ 1缶
- 白菜キムチ ･･･････････････････････････ 70g
- 水菜（3cmに切る） ･･･････････････････ 小1株
- 卵黄 ･････････････････････････････････ 2個分
- ごはん ･･･････････････････････････････ 丼2杯分

A
- コチュジャン、ごま油 ･･･････････ 各小さじ1
- しょうゆ ･･･････････････････････････ 小さじ½
- にんにくチューブ ･･･････････････････ 2cm
- マヨネーズ ･･･････････････････････････ 適量

作り方

1 サバ缶をボウルに入れてほぐし、キムチとAを加えて混ぜる。

2 丼にごはんをよそい、水菜と1をのせ、マヨネーズを細くかけて卵黄をのせる。

◎ 喜ばれるポイント
あさりのだしに、にんにくがきいたしっかり味で大満足！

◎ がんばらないポイント
パスタのように別ゆで不要。あえてのうどんが簡単でおいしい。

もちもちうどんがあさりの汁をたっぷり吸い込む

あさりとブロッコリーのボンゴレうどん

材料（2人分）

・あさり（殻つき）……………………200g
・冷凍うどん ………………………… 2玉
・ブロッコリー …………………………130g
・にんにく ……………………………… 1片
・輪切り赤唐辛子 ………………… ひとつまみ
・オリーブオイル、酒 ………… 各大さじ2
・めんつゆ（3倍濃縮） ………… 大さじ1
・しょうゆ ……………………………… 小さじ1
・ブラックペッパー ………………………適量

作り方

1 にんにくはみじん切りにする。ブロッコリーは小さめの小房に分ける。冷凍うどんはパッケージの表示通りに解凍する。

2 あさりは大きめのボウルに入れて50度の湯（分量外）をたっぷり注ぎ、すぐに殻をこすり合わせて5分おいて砂を吐かせる。ザルにあけて水けをきる。

3 フライパンにオリーブオイルとにんにく、輪切り赤唐辛子を加えて弱火で加熱する。いい香りがたったらあさりとブロッコリーを加えてザッと炒め、酒を入れてフタをして3分蒸す。あさりの口が開いたらフタをあけてうどんとめんつゆを入れて火を強め、蒸し汁を吸わせるように炒める。汁けがなくなってきたら鍋肌からしょうゆをまわし入れる。盛りつけてブラックペッパーをふる。

スピード砂抜き！ 温度が高いとうまみが逃げてしまうので注意。

あさりのうまみを引き出す酒蒸しとブロッコリーの加熱を一気に。

鍋肌から加えることでしょうゆが香ばしく味がしまります。

もやしたっぷり！　うま辛ちゅるちゅる

ユッケジャン風スープにゅうめん

材料（2人分）

- そうめん ………………………… 1束（50g）
- もやし …………………………… 1袋（200g）
- ニラまたは小ねぎ（3cm幅）………… 4本
- 白菜キムチ ……………………… 100g
- 卵 …………………………………… 2個
- ごま油 …………………………… 大さじ1

A
- 水 ……………………………… 800mℓ
- 鶏ガラスープの素 ………… 大さじ1
- しょうゆ ……………………… 小さじ2
- コチュジャン ………… 大さじ1と½

作り方

1 卵は溶きほぐしておく。小鍋にごま油とキムチを入れて火にかけ、2〜3分しっかり炒める。

2 **A**を加えて煮立たせ、もやしを加える。

3 煮立ったところに細く溶き卵を入れてかき卵にする。

4 そうめんを加えて混ぜながら2分煮る。仕上げにニラを加えて盛り付ける。

キムチをしっかり炒めるとスープにコクとうまみが出る。

煮立っているところに卵を加えてふわふわに。

そうめんに含まれる塩分がスープに出て味が決まる。

point

◎ 喜ばれるポイント
残ったスープにごはんを入れるのが毎回楽しみ、だそうです（笑）。

◎ がんばらないポイント
お肉がなくても卵と野菜で1品！椎茸やにんじんを加えても◎

point

◎ 喜ばれるポイント
たこと塩昆布のうまみにわさびの
香りがアクセントの大人和風味。

◎ がんばらないポイント
炒めてないのにおいしい！ サッ
とすませたい週末ランチにも。

ゆでたらボウルで混ぜるだけ

たこと豆苗のわさびバターパスタ

材料（2人分）

- スパゲッティ ························· 200g
- たこ ······························· 80g
- 豆苗 ···························· ½パック

A
| バター ······················· 15g
| ポン酢 ······················ 大さじ1
| 塩昆布 ······················· 10g
| わさびチューブ ················· 5cm

作り方

1 たこは薄切りにする。豆苗は長さを3等分する。
スパゲッティは1.5ℓの湯に小さじ2の塩（分量
外）を加えてゆでる。

2 ボウルにたこを入れ、**A**を合わせる。ゆで上が
ったスパゲッティと豆苗、ゆで汁をお玉½杯程度
加えて底から返すようによく混ぜて皿に盛りつけ
る。

くっつかないように
ときどき混ぜながら
ゆでる。

ボウルに合わせてスタ
ンバイ。わさびは多め
がおすすめです！

しっかり混ぜるとゆ
で汁とバターが乳化
されて麺がしっとり

あっさり塩スープに豚バラとにんにく

塩モツなべ風うどん

材料（2人分）

- 豚バラ肉 ························· 100g
- 冷凍うどん ························· 2玉
- キャベツ ····················· ⅛個（160g）
- ニラ（4cmに切る） ················· 5本
- にんにく ························· 1片
- A
  - 水 ························· 800㎖
  - 白だし ······················· 100㎖
  - 酒 ······················· 大さじ1
  - ごま油 ····················· 大さじ1
  - 輪切り赤唐辛子 ············· ひとつまみ
- ブラックペッパー、すりごま ·········各適量

作り方

1 にんにくは薄切りにして芯を取り除く。冷凍うどんはパッケージの表示通りに解凍する。

2 鍋にAを煮立て、食べやすい大きさに切った豚バラ肉とキャベツ、にんにくを加えて煮る。

3 冷凍うどんを加え、好みのやわらかさになったらニラを加えてサッと煮る。

4 器に盛り、ブラックペッパー、すりごまをかける。

豚バラと長ねぎだけ！
すぐできるスピード焼きそば

豚ねぎレモン
ペッパー焼きそば

材料（2人分）

- 豚バラ肉 ························· 100g
- 長ねぎ ··························· 1本
- 焼きそば麺 ························· 2袋
- 塩、こしょう ····················· 各少々
- A
  - オリーブオイル、レモン汁、酒···· 各大さじ1
  - オイスターソース、鶏ガラスープの素
  - ···························· 各小さじ1
  - 塩 ······················· 小さじ½
  - にんにくチューブ ················· 5cm

作り方

1 麺は袋のままレンジで2分加熱し、ほぐしやすくする。

2 長ねぎは青い部分まですべて小口切りにする。豚バラ肉は4cm幅に切る。

3 フライパンに豚バラ肉を入れて、塩、こしょうをふり、油をひかずにこんがりするまで炒める。麺、長ねぎを加えて豚バラから出た脂をからめるように炒める。

4 麺がしっかりほぐれたらAの調味料を加えて炒め、盛りつける。

調理のコツ

レシピページで紹介しきれなかったコツをここで補足します。
各ページとあわせてご覧ください。

酢じょうゆ味玉の失敗しないつくり方

これさえ注意すれば
おいしく仕上がります！（P86参照）

**沸騰した湯に
常温の卵を入れる**

殻が割れないようお玉を使って
そっと湯に入れる。もしもヒビ
が入ったら酢を加えて！

**転がしながらゆでると
黄身が真ん中に**

ゆではじめの3分くらいは菜ば
しでときどき転がすと黄身が中
心にくる。

**水につけると
むきやすい**

すぐに冷水につけると急激な温
度変化でむきやすくなる。むく
ときも水にあてながら！

ビニール袋で漬ける

袋の空気をなるべく抜くと少な
い調味料で味がつく。ときどき
上下を返して漬けて。

糸を使って切る

包丁だと黄身がべっとりついて
うまく切れない。ミシン糸を使
い、押すように切るときれい。

卵を買ったら
冷蔵庫に入れる前に
これ つくっちゃお！

鶏もも肉の下処理の仕方

簡単なひと手間をかけるだけで仕上がりが違う！
（鶏もも肉を使う料理／P22、43-47、66-67参照）

脂取り

黄色い脂肪は臭みの原因であり
余分なカロリー。できるだけ取
るのがおすすめ。

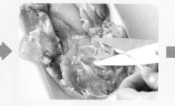

筋取り

ピロッと飛び出た筋は、ハサミ
でカット。口当たりがよくなる。

筋切り

まるごと焼く場合は、横向きの
筋に対し、縦に数カ所の切り込
みを入れると焼き縮みを防げる。

時間がないときの レンチンでしっとり蒸し鶏

P28では、湯につけるだけの方法を
紹介したけれど、
時間がないときにはこちらもおすすめ！

材料（2人分）

・鶏むね肉 ………… 300g
・塩 ……………… 小さじ½
・砂糖 …………… 小さじ1
・酒 ……………… 大さじ1

作り方

1 むね肉は皮をはがして分厚い部分を手で開き、耐熱容器に入れて塩と砂糖をすり込む。
2 塩と砂糖がなじんだら酒をふってよく揉み込み、ラップをかけてレンジで4分30秒加熱する。
3 ラップをしたまま10分放置し、手やフォークで細かく裂き、そのまま蒸し汁にひたして冷ます。

ゆで鶏の「ついでのスープ」

鍋でゆで鶏をつくったときは、
このスープを必ずつくります！

春雨入りもおすすめ！

マイルド酸辣湯（さんらーたん）

作り方（2人分）

1 P28のゆで鶏のゆで汁からむね肉と、長ねぎの青い部分、しょうがを取り出し再び煮立たせ、お好みのきのこや野菜を煮る。
2 ごま油、しょうゆ、酢を各小さじ2ずつ加えて味をととのえ、溶き卵をまわし入れる。お好みで塩、こしょう、ラー油を加える。

ゆで卵と温玉

レンジでおいしくつくるコツ教えます！

レンジゆで卵（P15参照）

作り方（1個分）

1 卵をアルミホイルに包みマグカップなど深めの耐熱容器に入れてたっぷり水を注ぐ。
2 レンジで10分加熱してあら熱を取り、殻をむく。※中の湯を捨て水を入れると早く冷める。

※爆発・火災防止のため卵はすき間なくしっかりホイルでくるむ。

レンジ温玉

作り方（1個分）

1 小さめの耐熱容器に入れて水大さじ2を注ぎ、つまようじで黄身に穴をあけて（爆発防止のため）レンジで40〜45秒加熱する。
2 余熱で固まりすぎないよう、スプーンなどで押さえながらすぐに水を捨てる。

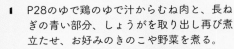

しょうが、にんにく
生とチューブの使い分け　料理によって使い分けています!

チューブタイプが手軽ですが、
香りが飛びやすいのが難点。
生でなくても変わらないと
感じたものはなるべく
チューブを使っています。

トンテキのにんにくチップやしょうが焼きなど、食感や香りの決め手になるものは生を使用。

他の調味料や薬味との兼ね合いで、香りが十分な料理は基本的にチューブを使用。

きゅうりの切り方4通り　切り方で味も変化します!
ワザあり4パターン。(P88-89参照)

きゅうり1本でも、切り方を
変えると見栄えに変化が。
例えばいつもの酢の物も
食感や味まで変わってきます。
チャレンジしてみて!

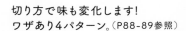

たたき割り
1本漬けにするときは、めん棒や空きビンで亀裂を入れると味の染み込みが早い。

乱切り
包丁の角度はそのままに、きゅうりを手前に45度ずつまわしながら切る。

かち割り
食べやすい長さに切ってから包丁の背でつぶし、手で割るときれいな"かち割りきゅうり"に。

蛇腹切り
菜ばしで挟み、斜めに細く切り込みを入れる。裏側も同様に切ると、華やかな蛇腹状に!

おわりに

以前フォロワーの方から「ぽんこつさんのレシピで夕飯をつくり、
簡単だったのに家族にとてもおいしかったと言ってもらえて、
幸せな気持ちで眠りにつくことができました！」と言われたことがあります。

その言葉を聞いて、たまに失敗もするけれど、
私の毎日もこの「幸せな気持ちで眠りにつく」ことの繰り返しで
できているんだなと思いました。

料理は繰り返しつくれば、どの調味料がどのように作用して、
どんな味になるのか、家族はどんな味が好みなのかが見えてきます。

本書に掲載しているのは、いま現在の我が家の味ですが、歳を重ねたり、
ライフスタイルが変化すれば、味つけも変わっていくと思います。

本書を見てくださった方にも、家族の好みや成長とともに、
どんどんアレンジしていってほしいと思います。
一番最初のページにメモ欄をつくりましたので、
よかったら活用してくださいね。

料理で大切な人にほめられる人が、増えていきますように。

ぽんこつ主婦　橋本 彩

Staff

撮影
佐藤 朗（フェリカスピコ）
（cover、P2-31、P36-46、
P48-49、P52-53、P62-
79、P84-90、P92、P94、
P96、P98、P108-111）

スタイリング
小坂 桂
（cover、P2-31、P36-46、
P48-49、P52-53、P62-
79、P84-90、P92、P94、
P96、P98、P108-111）

デザイン
細山田光宣・藤井保奈・柏倉美地
（細山田デザイン事務所）

校正
麦秋アートセンター

企画編集
鈴木聡子

橋本 彩（はしもとあや）

料理家／主婦。2019年3月生まれの男の子の母。食から暮らしを豊かにするライフスタイルメディア「macaroni」にて料理家として勤務したのち、独立。料理初心者でも誰かにつくってあげたくなる、簡単ボリューミーな家庭料理を得意とする。Instagramでは、1つの投稿の中に料理の工程やポイントをのせて紹介する「スワイプレシピ」が大人気。

Instagramアカウント
@ponkotsu_0141
レシピサイト"週末ふうふじかん"
https://www.fu-fujikan.com/recipe/

ぽんこつ主婦の
こっそりラクして絶品ごはん

2021年 2 月10日　初版発行
2023年 6 月10日　5 版発行

著者　　　橋本 彩

発行者　　山下直久

発行　　　株式会社KADOKAWA
　　　　　〒102-8177　東京都千代田区富士見2-13-3
　　　　　電話0570-002-301（ナビダイヤル）

印刷所　　凸版印刷株式会社

●お問い合わせ
https://www.kadokawa.co.jp/ （「お問い合わせ」へお進みください）
※内容によっては、お答えできない場合があります。
※サポートは日本国内のみとさせていただきます。
※Japanese text only

定価はカバーに表示してあります。

©Aya Hashimoto 2021 Printed in Japan
ISBN 978-4-04-604988-9 C0077